AF359580

LA PARTIE DE CHASSE DE HENRI IV,

COMÉDIE

EN TROIS ACTES ET EN PROSE;

Par M. COLLÉ, *Lecteur de S. A. S. Monseigneur le Duc d'Orléans, premier Prince du Sang.*

A PARIS,

Par la Compagnie des Libraires.

M. DCC. LXXXIV.

ACTEURS.

HENRI IV, Roi de France.

Le DUC DE SULLY, *son premier Ministre.*

Le DUC DE BELLEGARDE, *Grand Écuyer.*

Le MARQUIS DE CONCHINY, *Favori de la Reine.*

Le MARQUIS DE PRASLIN, *Capitaine des Gardes,*
Différens Seigneurs de la Cour,
Deux Gardes du Corps, } *Personnages muets.*

La BRISÉE,
SAINT-JEAN, } *Officiers de Chasse de la forêt de Fontainebleau.*

MICHEL RICHARD, dit MICHAU, *Meûnier à Lieursain.*

RICHARD, *Fils de Michau, amoureux d'Agathe.*

MARGOT, *Femme de Michau.*

CATAU, *Fille de Michau, amoureux de Lucas.*

LUCAS, *Paysan de Lieursain, amoureux de Catau.*

AGATHE, *Paysanne de Lieursain, amoureuse de Richard.*

Un BUCHERON.

Deux BRACONNIERS.

Un GARDE-CHASSE, *demeurant à Lieursain.*

LA
PARTIE DE CHASSE
DE HENRI IV,
COMÉDIE.

ACTE PREMIER.

La Scene est à Fontainebleau, dans la Galerie des Ré-
formés, au bout de laquelle est l'antichambre du Roi.

SCENE PREMIERE.

Le Duc de RELLEGARDE, le Marquis de
CONCHINY, *tous deux en uniforme de chasse.*

Le Marquis de CONCHINY *d'un air triste.*

NOus voici donc depuis quatre jours à ce Fontainebleau... & nous allons partir dans deux
heures pour la chasse, mon cher Duc de Bellegarde?

Le Duc de BELLEGARDE.   *à part.*

Mon cher Duc de Bellegarde !......le fat !....

haut. Oui, mon très-cher Marquis de Conchiny ; nous allons aujourd'hui prendre un Cerf,... peut-être deux, ... & au retour nous soupons avec le Roi ; (car il vous a nommé auffi, vous, Monfieur.) *d'un air myftérieux.* Cela s'arrange merveilleufement avec vos vues que j'ai pénétrées... Pour moi, ... cela me contrarie un peu ; ... mais cela fait le défefpoir à coup fûr d'une très-grande Dame qui ne m'avoit pas deftiné à fouper ce foir avec le Roi.

Le Marquis de CONCHINY.

Je vous en livre autant. Et cette chaffe, ... & ce fouper fur-tout, ... que dans tout autre temps j'euffe defiré avec paffion ; ... me défolent dans ce moment-ci.

Le Duc de BELLEGARDE *d'un air léger.*

Vous défolent, Monfieur de Conchiny ! ... Eh ! mon Dieu oui, je fçais bien ; & vous me dites encore hier au foir, que votre deffein étoit d'aller faire aujourd'hui un tour à Paris, pour voir votre petite Agathe... *d'un ton plus férieux.* Mais, mon très-cher Monfieur, vous n'êtes pas affez conftamment dans les bonnes graces du Roi, pour que ce contre-temps-ci (fi c'en eft un fi grand que l'honneur de fouper avec votre Maître) puiffe tant vous défoler.

Le Marquis de CONCHINY.

D'accord, Monfieur le Duc, & je fens bien que je dois tout facrifier pour fuivre ici cette grande affaire que vous fçavez.

Le Duc de BELLEGARDE *l'interrompant.*

Eh ! y a t-il donc à balancer ! Oh ! Monfieur, il faut faire marcher les affaires d'abord... Que les femmes viennent après, rien n'eft plus jufte ; on leur donne enfuite fon temps, s'il en refte.

Le Marquis de CONCHINY.

Je conviens de tout cela ; mais c'eft que vous ignorez que dans l'inftant même je reçois une lettre de Fabricio, de mon Valet-de-chambre de confiance ,

de celui qui a chez moi le détail de ces cho-
fes-là ; ... & ... ce négligent coquin me marque que
cette petite Payfanne s'eft fauvée hier dès le grand
matin, en attachant fes draps à fa fenêtre, de la maifon de Paris, où je la faifois garder à vue par ce ma-
raud-là.

Le Duc de BELLEGARDE *d'un air furpris.*

Agathe s'eft enfuie de chez vous ?... Je ne conçois
rien à cela. Comment ! eh ! à quoi en étiez-vous donc
avec elle ?

Le Marquis de CONCHINY.

J'en étois .. j'en étois à rien.

Le Duc de BELLEGARDE.

A rien ! allons donc, quel conte !

Le Marquis de CONCHINY.

Oh ! à rien, ce qui s'appelle rien.

Le Duc de BELLEGARDE.

Eh ! mais cela eft fabuleux, ce que vous voulez
me faire croire-là.

Le Marquis de CONCHINY.

Ce n'eft point une fable, vous dis-je ; d'honneur,
rien n'eft plus vrai. La petite fotte aime un animal
de Payfan qu'elle alloit époufer quand je la fis enlever par Fabricio ; ... elle adore Monfieur Richard...
le fils d'un Meûnier qui eft de fon Village, qui eft
de Lieurfain.

Le Duc de BELLEGARDE *d'un air railleur.*

Un Payfan de Lieurfain !... l'héritier préfomptif
d'un Meûnier ! Voilà ce qui s'appelle un rival à
craindre ! comment diable ! voilà des obftacles qui
ont dû vous arrêter tout court.

Le Marquis de CONCHINY.

Ne penfez pas rire, Monfieur le Duc, ils ont été
infurmontables, du moins pour moi. C'eft que c'eft
une verru !... c'étoit des fureurs... Quoi donc ! une
fois n'a-t-elle pas penfé fe poignarder avec un couteau qu'elle trouva fous fa main, & que j'eus toutes
les peines du monde à lui arracher.

Le Duc de BELLEGARDE *d'un air badin.*

Fort bien, continuez, Monsieur, vous rendez de plus en plus votre petit roman fort vraisemblable ; car enfin, rien n'est plus commun que de voir une femme se tuer, ... & sur-tout quand on l'en empêche.

Le Marquis de CONCHINY *vivement.*

Oh ! parbleu, elle ne jouoit pas cela, elle y alloit bon jeu bon argent.

Le Duc de BELLEGARDE *d'un ton badin.*

Tout de bon ? cela étoit férieux ! ... mais c'est du vrai tragique, en ce cas-là.

Le Marquis de CONCHINY *fans l'écouter &*
après avoir rêvé un moment.

J'aurois toutes les envies du monde de vous laisser courre votre cerf, à vous autres ; ... & de pousser jusqu'à Paris, moi. Si le rendez-vous de la chasse étoit de ce côté-là... Eh ! parbleu ! j'apperçois là-dedans deux Officiers des Chasses, permettez-vous que je sçache d'eux ? ... Messieurs, Messieurs, un mot, s'il vous plaît.

SCENE II.

Le Duc de BELLEGARDE, Le Marquis de CONCHINY, les deux OFFICIERS des Chasses.

Les OFFICIERS des Chasses *enfemble.*

QUe fouhaitez-vous, Monsieur le Marquis ?

Le Marquis de CONCHINY.

Dites-moi un peu, Messieurs, de quel côté de la forêt est le rendez-vous de la chasse, aujourd'hui ?

I. OFFICIER des Chasses.

Monsieur le Marquis, c'est au carrefour de Chailly.

Le Marquis de CONCHINY.

Eh ! où est ce carrefour-là ?

II. OFFICIER des Chasses.

Eh ! mais, Monsieur le Marquis „ c'est à prés de trois lieues d'ici, ... en tirant droit vers Paris ; ... & par le rapport que nous avons entendu faire à la Brisée, qui a détourné le cerf au buisson des Halliers, il vous fera faire du chemin ; il a les pinces & les os gros, il est fort bas joincé ; & par les fumées (a-t-il dit) qu'il a vu dans les Gaignages, il le juge tout aussi cerf qu'il l'est à coup sûr, par le pied.

I. OFFICIER des Chasses.

Oh ! oui, il assure que c'est un cerf dix corps... Oh ! il vous conduira loin, ... que sçait-on ? ... peut-être jusqu'à Rosny, ... *d'une voix basse & d'une air de mystere au Duc de Bellegarde*, où l'on dit que Monsieur de Sully est exilé d'hier au soir.

II. OFFICIER des Chasses *d'un air important.*

Non, il n'est parti que de ce matin .. La nouvelle est-elle vraie, Monsieur le Duc ?

Le Duc de BELLEGARDE *ave indignation.*

Eh ! fi donc ! eh, non, Messieurs, il n'y en a point de plus fausse.

Le Marquis de CONCHINY.

Et qui ait moins d'apparence ; je viens de le voir entrer au Conseil avec le Roi.

I. OFFIEIER des Chasses *d'un air d'humeur.*

J'aimerois bien mieux qu'il fût entré dans son exil ; il ne continueroit pas là ses injustices, qu'il appelle des économies royales.

II. OFFICIER des Chasses.

Cela est vrai : car tout récemment encore il vient de nous supprimer de nos droits, & sûrement c'est pour en profiter lui-même ; je suis bien certain qu'il ne revient rien au Roi de ces retranchemens-là.

Le Duc de BELLEGARDE *d'un ton à imposer.*

Doucement, Messieurs, doucement ; parlez avec plus de retenue & de respect d'un si grand Ministre.

Le Marquis de CONCHINY.

Meffieurs, Monfieur le Duc de Bellegarde a raifon, il ne faut jamais dire du mal des gens en place,
à part ... tant qu'ils y font.

Le Duc de BELLEGARDE.

Allons, allons, Meffieurs, laiffez-nous.
*Ces deux Officiers fe retirent dans la piece du fond, où
ils reftent jufqu'à la fin de l'Acte.*

SCENE III.

Le Duc de BELLEGARDE, le Marquis de CONCHINY.

Le Marquis de CONCHINY *vivement.*

EH bien, Monfieur le Duc, vous voyez par ce
bruit général de l'exil de Monfieur de Sully, la
preuve du defir que l'on a ; ... ma foi, je ne m'éloi-
gnerai pas. Je ne veux m'occuper que du fouper de ce
foir... & d'y faifir l'occafion de parler au Roi, pour
achever de le défabufer de fon Monfieur de Rofny,
que je crois actuellement perdu, fi vous voulez y
donner les mains.

Le Duc de BELLEGARDE.

Eh bien, tenez : je ferois fâché qu'il le fût ; au vrai
j'en ferois faché ; car j'aime la perfonne de Monfieur
de Sully, moi, moi : mais cependant on ne fçauroit
s'empêcher de defirer un peu qu'il ne foit plus en
place ; car dès qu'on demande la moindre grace,
l'on rencontre toujours en fon chemin l'humeur in-
flexible de ce cher homme-là, ... & cela eft excédant.

Le Marquis de CONCHINY *vivement.*

Sans doute, & c'eft ce caractere intraitable, & qui
ne fe plie point, qui auroit dû vous engager, Monfieur le Duc, à vous mettre de notre partie, qui eft
bien liée... Pour vous y déterminer, je vais m'ouvrir

vrir entiérement à vous : j'ose vous assurer d'abord, que pour peu que nous fussions appuyés d'ailleurs, notre homme seroit bientôt culbuté ; je vois cela clairement. La Signora Galigaï est sublime pour ces sortes d'opérations-là ; c'est elle qui a tout conduit ... C'est un génie ...

Le Duc de BELLEGARDE.

Oui, c'est une femme adroite, à ce qu'ils disent tous.

Le Marquis de CONCHINY *très-vivement.*

Oh ! elle est admirable ! indépendamment des Ecrits satyriques & des Pasquinades qu'elle a fait semer à la Cour contre Monsieur de Rosny (& que je crois même qu'elle a fait composer,) c'est encore par ses soins, & d'après ses recherches, que le Public a été inondé de Mémoires véridiques & sanglans, qui dévoilent toutes les malversations de Monsieur de Sully , & qui démasquent ses projets ambitieux & criminels... Ensuite je sçais qu'elle a fait passer jusqu'au Roi, par des personnes sûres & honnêtes, des accusations plus directes, où le vrai est si bien mêlé avec le vraisemblable, qu'à moins d'un miracle, je le défie de s'en tirer.

Le Duc de BELLEGARDE.

Monsieur , ... Monsieur , ... je ne serois point surpris qu'il s'en tirât encore ; il a de furieuses ressources dans l'ascendant qu'il a pris sur l'esprit du Roi, & dans l'inclination naturelle que ce Prince a toujours eue pour lui.

Le Marquis de CONCHINY *très-vivement.*

Eh ! Monsieur le Duc, c'est tout cela même qui tournera encore contre lui. Plus le Roi a eu & conservé d'amitié pour Monsieur de Sully , & plus il sera indigné de l'abus qu'il en aura fait. (*conduisant mystérieusement le Duc de Bellegarde à un coin du Théâtre, & baissant le ton de la voix.*) Nous avons porté hier le dernier coup ; c'est un écrit de M. de Rosn lui-même ; c'est un billet de lui que nous avons tour

né contre lui ; ... & cela pourtant sans malignité...
Aprèsl'avoir lu , le Roi, dans la derniere colere, le
lui renvoya sur le champ par la Varenne, qui vint
me le redire, & qui, sur quelques mots échappés par
Sa Majesté, a semé ici le bruit de son exil qui s'est
répandu, comme vous l'avez vu... Ah ! Monsieur
le Duc, si vous aviez voulu nous aider !

Le Duc de BELLEGARDE *légérement.*

Vous aider, moi... j'en suis bien éloigné, Monsieur de Conchiny, assurément ; & comme je vous
l'ai dit, il me reste toujours pour ce chien d'homme-
là un fond d'amitié dont je ne sçaurois me débarras-
ser... Et puis d'ailleurs, c'est que je suis si peu fait à
l'intrigue, j'y suis si gauche, que j'aime cent fois
mieux me trouver à une surprise de Place, que dans
une tracasserie de Cour. J'y suis moins mal-adroit,
vous dis-je.

Le Marquis de CONCHINY *souriant.*

Monsieur le Duc , vous avez plus d'adresse que
vous n'en voulez faire paroître. La vôtre dans ce
mement-ci ne m'échappe pas ; & voici en quoi elle
consiste : vous profiterez de l'effet de la mine , s'il
est heureux ; & au cas qu'elle soit éventée , vous ne
pourrez pas même être soupçonné d'avoir été un dès
Ingénieurs.

Le Duc de BELLEGARDE *d'un air sérieux &*
fier ; avec beaucoup de hauteur.

Un moment, Monsieur, s'il vous plaît ; vous ne
pouvez , ni ne devez penser que...

Le Marquis de CONCHINY *l'interrompant ,*
d'un air soumis & respectueux.

Eh non, non, Monsieur le Duc ; je vois à présent
ce que je puis & ce que je dois penser de votre inac-
tion. Tenez , votre vieille franchise à vous autres ,
Seigneurs Français, vous fait regarder toute intrigue , même la plus juste, comme un mal ; moi , je
n'y en trouve aucun ; au contraire, vu celui que Monsieur de Rosny cause dans le Royaume, c'est une

obligation que la France nous aura , à la Signora Galigaï & à moi, d'avoir intrigué pour la délivrer de ce Miniftee·là. Dans tout ceci, notre intention eft bonne, nous ne voulons que le bien du Français, nous autres.

Le Duc dé BELLEGARDE *d'un air railleur.*

Oh ! je fçais bien que c'eft là votre but... Mais voici le Roi qui fort du Confeil.

Le Marquis de CONCHINY, *bas au Duc de Bellegarde.*

Monfieur de Sully l'accompagne. Ils ont toujours l'air du plus grand froid, ils font toujours mal enfemble ; cela eft excellent.

SCENE VI.

HENRI *en uniforme de chaffe*, le Duc de SULLY *en habit ordinaire*, Le Duc de BELLEGARDE, Le Marquis de CONCHINY, Suite des COUR-TISANS, & les deux Officiers des Chaffes, *qui fe tiennent tous à la porte de l'antichambre du Roi.*

HENRI *s'avance avec le Duc de Sully , auquel il marque avoir envie de parler d'abord ; il fe contient , & fe retourne vers le Duc de Bellegarde.*

BOnjour, mon cher Bellegarde ; bonjour , Monfieur de Conchiny. *A Sully.* Le Confeil a fini plutôt que je ne croyois, Monfieur de Sully ; notre rendez-vous n'eft qu'à midi , Meffieurs ; nous aurons du temps pour tout.

Le Duc de BELLEGARDE.

Ma foi, Sire, votre Majefté aura aujourd'hui un temps admirable pour fa chaffe.

HENRI *d'un air inquiet.*

Oui ; l'on ne pouvoit pas defirer une plus belle

journée pour cette saison-ci, ... pour l'automne.

Le Duc de SULLY.

Avant son départ, Votre Majesté n'auroit-Elle point encore quelques autres ordres à me donner ?

HENRI *d'un air froid & gêné.*

Non, Monsieur ; il me semble vous les avoir tous donnés dans le Conseil... à moins que vous-même vous n'ayez quelque chose de particulier à me dire.

Le Duc de SULLY.

Non, Sire ; je ne crois avoir rien oublié ... Ah ! pardonnez-moi ; je me rappelle à présent l'affaire du brave Crillon, & je vais de ce pas chez lui pour...

HENRI *l'interrompant avec un air l'impatience.*

Vous n'auriez pas le temps de finir avec Crillon, Monsieur ; il vient à la chasse avec moi... Mais n'auriez-vous rien à me dire, *de l'air de l'embarras,* qui vous regardât, vous, Monsieur ?... Tenez, auriez-vous le loisir de m'attendre ici un moment ? ... Cela ne vous gêne-t-il point, Monsieur ?

Le Duc de SULLY *s'inclinant profondement.*

Moi, Sire ! ma vie & mon temps ont toujours appartenu à Votre Majesté. Dans l'instant même, si vous l'ordonnez...

HENRI *d'un air plus affectueux.*

Non, dans cet instant-ci, il faut que j'aille voir la Reine, que j'aille embrasser mes enfans, je m'en meurs d'envie. Attendez-moi ici même dans cette galerie... *d'un air contraint.* Il faut bien que je vous parle de vous, puisque vous ne voulez point m'en parler le premier... Vous, mon cher Bellegarde ; suivez-moi ; vous n'entrèrez pas chez la Reine, il est de trop bonne heure, il ne fera pas encore grand jour ; mais en y allant, j'ai un mot à vous dire sur votre Gouvernement de Bourgogne. Venez avec moi, mon ami.

Le Roi sort avec M. de Bellegarde, une partie de ses Courtisans le suivent ; les autres restent dans la piece du fond, avec les deux Gardes-Chasse. M. de Sully & M. de Conchiny s'avancent.

S C E N E   V.

Le Duc de SULLY   Le Marquis de CONCHINY.

Le Marquis de CONCHINY *à part.*

FAisons parler Monſieur de Sully ; il lui échappera ſûremeat quelques propos indiſcrets & pleins de hauteur , & je les rendrai au Roi ce ſoir tels qu'il me les aura tenus. *haut.* Vous me voyez , Monſieur le Duc , dans la plus grande joie de l'entretien particulier que le Roi veut avoir avec vous. Vous diſſiperez facilement tous les nuages qui ſe ſont élevés entre vous & lui depuis quelque temps... je le deſire bien vivement du moins.

Le Duc de SULLY *d'un air froid.*

Je vous en ai toute l'obligation que je dois vous en avoir , Monſieur de Conchiny.

Le Marquis de CONCHINY *très-vivement.*

Ah , Monſieur ! qu'un grand Miniſtre eſt à plaindre ! l'envie & la calomnie le pourſuivent ſans relâche ; avec tout autre Prince que notre Monarque , je craindrois que...

Le Duc de SULLY *l'interrompant d'un ton fier.*

Oui ; mais avec lui je n'ai rien à craindre , & je ne crains rien ; Monſieur.

Le Marquis de CONCHINY *très-vivement.*

Vous pouvez avoir raiſon avec ce Prince-ci, qui a toujours devant les yeux vos ſervices en tout genre ; ... qui ſe ſouvient que dans les premiers temps vous lui avez ſacrifié votre fortune ; que vous avez expoſé mille fois votre vie à ſes côtés ; que des bleſſures dont vous êtes couvert , vous en avez encore...

Le Duc de SULLY *l'interrompant avec impatience.*

Eh ! Monſieur, de grace, abrégeons.

Le Marquis de CONCHINY *continuant.*

Je n'en dis point trop, Monsieur, & le Roi doit toujours avoir préfent à l'efprit, que vous avez négocié au-dedans avec tous les Grands de fon État, defquels il a été obligé de racheter fon Royaume piece à piece.. Qu'au dehors vos négociations ont encore été plus brillantes ; il ne doit pas lui fortir de la mémoire que la feue Reine Elizabeth vous donnna à Londres..

Le Duc de SULLY *avec une impatience encore plus vive.*

Vive Dieu ! Monfieur, encore une fois, finiffons. Toutes ces louanges fi finceres ne me tourneront point la tête, je vous en préviens. Voyons ; à quoi en voulez-vous venir ?

Le Marquis de CONCHINY *avec la plus grande vivacité.*

J'en veux venir, Monfieur le Duc, à la conféquence de tout cela : c'eft qu'il eft impoffible que le Roi n'ait pas confervé pour vous au fond de fon cœur toute la reconnôiffance qu'il doit à vos fervices ; & je vous fupplie de me dire fi vous n'êtes pas de la derniere furprife que ce Prince, après toutes les obligations qu'il vous a, & connoiffant auffi-bien votre ame, puiffe un inftant prêter l'oreille aux imputations calomnieufes dont on ne ceffe de vous noircir dans fon efprit depuis quelques mois.

Le Duc de SULLY *avec un air froid & railleur.*

Tenez, Monfieur de Conchiny,... avec un homme moins franc que vous ne l'êtes,... & qui n'auroit pas le cœur fur les levres, comme vous l'avez, je pourrois imaginer que la queftion que vous me faites là feroit tout-à-fait infidieufe, & qu'il me feroit également dangereux d'y répondre ou de me taire ; mais avec vous...

Le Marquis de CONCHINY *l'interrompant.*

Moi, qui vous fuis dévouée, & qui...

Le Duc de SULLY *l'interrompant auffi.*

Oh ! je le fçais bien, Monfieur de Conchiny : auffi

je vous dis qu'avec tout autre que vous, si je gardois le silence dans ce cas-ci, ce silence pourroit être interprété au Roi, (par tout autre que par vous,) comme l'effet d'une fierté criminelle ; & que... si je parlois, au contraire, & que je convinsse de la facilité prétendue du Roi à croire mes ennemis, j'offenserois injustement mon Maître & mon Bienfaiteur.

Le Marquis de CONCHINY.

Oui, j'entennds très-bien...

Le Duc de SULLY *l'interrompant.*

Cependant, Monsieur, malgré les risques qu'il y auroit à courir en s'expliquant dans une circonstance si délicate, je dirois à ce quelqu'un d'artificieux, de mal-intentionné, & qui viendroit pour sonder mes sentimens sur tout cela, ce que je vous dirois à vous-même, Monsieur de Conchiny, ce que je dirois à mon meilleur ami : c'est qu'ayant toujours vécu sans reproches, & comptant fermement sur la justice du Roi, je suis persuadé, si convaincu d'ailleurs de ses bontés pour moi, que quand j'entendrois de la bouche même de Sa Majesté, qu'Elle m'abandonne, je ne l'en croirois pas ; & que j'imaginerois que sa langue a trompé son cœur.

Le Marquis de CONCHINY *d'un air d'embarras.*

Ah, Monsieur !... oui ;... mais gardez-vous bien de vous livrer.. à cette confiance aveugle, & voyez...

Le Duc de SULLY *d'un air fier , & avec un mépris marqué.*

Je ne vois rien , & ne veux rien voir que cela, Monsieur. Ce sont les purs sentimens de mon ame, & que vous pouvez rendre à Sa Majesté dans les mêmes termes... Dans les mêmes termes... c'est ce que je n'attends pas de vous ; cependant, Monsieur, si vous voulez que je vous parle à présent d'un style plus clair & moins figuré...

Le Marquis de CONCHINY *troublé.*

Comment, Monsieur !... moi ! Pourriez-vous me croire capable ?... Mais, voici le Roi de retour.

SCENE VI.

HENRI IV, le Duc de SULLY.

LE Roi s'arrête à la porte de la Galerie. Le Duc de Sully & le Marquis de Conchiny vont à lui ; ce dernier entre dans l'antichambre du Roi ; il doit y rester en vue avec le Duc de Bellegarde pendant la Scene ; M. le Marquis de Praslin & quelques autres Personnages muets, ainsi que les Officiers des Chasses ci-dessus, resteront aussi dans cette piece, & marqueront leur curiosité & leur inquiétude de l'événement de cet entretien.

HENRY *donnant ses ordres à l'entrée de la Galerie.*

Bellegarde, d'Aumon, Brissac, Duplessis, Matignon, Villars, la Châtre, Clermont, & vous aussi Monsieur de Montmorency, tenez-vous tous quelques momens dans cette piece-ci, je vous prie ; nous partirons après pour la chasse ; mais j'ai à parler auparavant, en particulier, à Monsieur de Sully... Marquis de Praslin ?

Le Marquis de PRASLIN. (*)

Sire...

HENRI *au Marquis de Praslin.*

Tenez-vous aussi là-dedans, & mettez à cette porte deux de mes Gardes en sentinelle, avec la consigne de ne laisser entrer personne dans ma Galerie. N'en faites pourtant pas fermer les portes ; je ne m'embarrasse pas que l'on nous voie ; mais je ne veux pas que l'on soit à portée de nous entendre.

M. de Praslin pose lui-même les deux sentinelles en dehors de la Galerie.

(*) *Note historique.* Charles de Choiseuil, Marquis de Praslin, mort Maréchal de France en 1629, étoit Capitaine des Gardes de Henri IV. Ce fut lui qui en 1602 arrêta le Comte d'Auvergne au Château de Fontainebleau.

HENR.

HENRI *prenant M. de Sully par la main, & l'ame-*
nant sans rien dire jusqu'au bord des lampes ; quit-
tant ensuite sa main, il le regarde, & reste un
moment sans parler.

Eh bien, Monsieur, la façon dont nous sommes
ensemble depuis six semaines, le froid que je vous
marque, & la contrainte dans laquelle nous vivons
vis-à-vis l'un de l'autre ; vous vous accomodez donc
de tout cela. Monsieur ? vous n'en êtes donc point
inquiet ?

Le Duc de SULLY *d'un air noble & respectueux.*

Sire, avec tout autre Prince que Henri, je me
croirois perdu, en voyant que vous m'avez retiré
cette bonté familiere que vous me témoigniez toujours ; mais, avec Votre Majesté, j'ai pour moi votre
équité, vos sentimens ... oserai-je dire votre amitié,
& mon innocence ; tout cela me rassure, & je suis
tranquille.

HENRI *d'un air un peu attendri.*

Cette tranquillité peut marquer, je vous l'avoue,
le témoignage d'une conscience pure, & qui n'a point
de reproche à se faire ; mais cependant, Monsieur,
vous ne pouvez pas ignorer que toute la France crie,
& m'adresse des plaintes contre vous ; & vous gardez
le plus profond silence.

Le Duc de SULLY *d'un air ferme & respectueux.*

Oui, Sire, c'est dans un silence respectueux que
je dois attendre que Votre Majesté m'ouvre la bouche sur des faits dont il n'y a pas un seul qui ne soit
de la plus grossiere calomnie... Parler le premier à
Votre Majesté de toutes ces imputations odieuses &
absurdes, c'eût été en quelque façon leur donner du
crédit & en reconnoître la vérité. Il ne me convient
pas de craindre de pareilles accusations, auxquelles
vous-même ne croyez pas, Sire.

HENRI *avec bonté.*

Eh mais, mais...

C

Le Duc de SULLY *reprenant avec force.*

Non, Sire, vous n'y croyez pas Il n'y a qu'une feule de ces accufations qui ait quelque air de la vérité, ou pour mieux dire, de la vraifemblance. *Tirant de fa poche un papier.* C'eft ce billet de moi, que vous me renvoyâtes hier au foir par la Varenne ; quatre mots que j'ai mis au bas, vous en développeront toute l'énigme. Que Votre Majefté daigne jetter les yeux fur l'explication que j'en donne. *Il donne au Roi ce papier.*

HENRI.

Je tombe de mon haut. *Prenant la main du Duc de Sully.* Ah ! Monfieur de Rofny, comme ils m'ont trompé ! les cruelles gens !

Le Duc de SULLY.

Quant aux fatyres, & fur-tout, Sire, au libelle fait par Juvigny, avec tant de force de ftyle & d'éloquence, & que j'ai lu tout auffi-bien que Votre Majefté...

HENRI *l'interrompant avec feu.*

Quoi ! vous l'avez lu, Rofny, & vous n'êtes pas venu tout de fuite pour vous expliquer avec moi ?

Le Duc de SULLY *l'interrompant.*

Non, Sire, je l'ai méprifé. Ce n'eft pas que fi Votre Majefté m'en eût parlé la premiere, j'euffe voulu & que je veuille encore avoir l'orgueil criminel de ne point entrer dans les détails d'une juftification qui doit...

HENRI *l'interrompant.*

Qu'appellez-vous juftification, mon ami ? Ventrefaintgris, l'éclairciffement que vous me donnez fur ce billet, répond lui feul à tout, à tout ; & je n'ai plus rien à entendre.

Le Duc de SULLY *avec le plus grand feu.*

Pardonnez-moi, Sire, il eft de toute néceffité que vous ayez la bonté d'entendre ma juftification, & la voici.... Depuis trente-trois ans je vous fers ; j'ofe dire plus, je vous aime. A mon attachement inviolable pour Votre Majesté, se joint l'honneur, dont je ne me suis & dont je ne veux jamais m'écarter : ils se réunissent l'un & l'autre à mon intérêt personnel. qui est de vous servir jusqu'à mon dernier soupir... ce sont là mes vrais sentimens... Pour vous persuader au contraire, ou que je veux, ou que je puis vous trahir, mes ennemis couverts, ces petites gens, n'établissent dans leurs propos & dans leurs libelles, que des possibilités purement chimériques... Eh ! en effet, quel seroit mon but dans une trahison prise dans le grand ? de me mettre votre Couronne sur la tête ?... Vous ne me croyez pas assez dépourvu de jugement pour tenter l'impossible ? De la faire passer à quelqu'autre branche de votre Maison, ou à quelque Puissance étrangere ? Ah, mon Prince ! ah, mon Héros ! quel autre Monarque, quelles Puissances, quels Etats peuvent jamais élever ma fortune aussi haut que vous avez élevé la mienne ?

HENRI *le serrant dans ses bras.*
Ah ! mon cher Rosny ! mon cher Rosny !

Le Duc de SULLY *poursuivant avec feu.*
Ah, mon cher Maître ! vous le serez toujours.... Vous m'aimez, vous m'estimez.. oui, Sire, vous m'estimez au point que j'ai la noble présomption de croire que vous n'avez point eu (dans cet affaire-ci même) des soupçons réels sur ma fidélité ; ce que j'appelle des véritables soupçons. Non, Sire, vous n'en avez point eu.

HENRI *reprenant vivement.*
Pour des vrais soupçons, non, mon ami, je n'en ai point eu ; à peine étoit-ce de légeres inquiétudes... & si frivoles encore, qu'elles n'avoient aucune tenue. Eh tiens, mon cher Rosny, je vais t'ouvrir mon cœur : je n'eusse même jamais eu ces légeres inquiétudes ; jamais on ne fût parvenu à me donner les moindres ombrages sur ta fidélité, si nous eussions tous les deux vécu dans un autre temps. Mais

dans ce fiecle affreux, dans ce fiecle de troubles , de confpirations , de trahifons, où j'ai vu, où j'ai éprouvé les plus noires perfidies de la part de ceux que j'avois traité comme mes meilleurs amis , ou j'ai penfé être mille fois le jouet & la victime de la fcélérateffe de leurs complots ;... tu me pardonneras bien , mon cher ami , ces petites échappées de défiance... Je les réparerai , Monfieur de Rofny , par de nouveaux bienfaits , qui porteront au plus haut degré d'élévation, & vous , & votre maifon. Je veux que...

Le Duc de SULLY *l'interrompant avec feu.*

Arrêtez , Sire , vos bontés pour moi iroient peut-être trop loin ; il faut y mettre des bornes. Vos malheurs , & les plus noires ingratitudes , ont dû nourrir & étendre vos défiances , que votre cœur n'en ait plus déformais pour moi... je le mérite... mais que Votre Majefté mette la plus grande prudence , & une extrême circonfpection , dans les bienfaits dont Elle voudroit encore m'honorer....,. Je fuis le premier à lui demander à genoux , de ne jamais me donner de places fortes , de Principautés ; en un mot, de ne jamais me faire de ces fortes de graces qui puffent me donner la poffibilité de me déclarer Chef de Parti , fi je voulois le tenter. Ces graces-là , Sire , font des armes qui n'en feroient jamais pour moi; mais je veux ôter à mes ennemis le prétexte de m'en faire des crimes.

HENRI *avec la plus grande vivacité de fentiment.*

Grand Maître, tu n'auras jamais d'ennemis à craindre , tant que je vivrai.

Le Duc de SULLY *après s'être incliné pour
le remercier.*

Ah ! Sire , plût à Dieu que cela fût vrai ! mais cet entretien-ci eft la preuve du contraire , & des effets cruels que peuvent produire des calomnies travaillées de main de Courtifan.

HENRI *avec la derniere vivacité.*

Eh mais , elles n'en auroient produit aucuns, fi dépuis que je vous boude, cruel homme que vous êtes! vous eussiez voulu venir bonnement vous éclaircir avec moi... Ah! Rosny, cela n'est pas bien à vous. Depuis trente ans que je vous ai juré amitié, moi, je n'ai rien eu sur le cœur que je ne l'aie déposé dans votre sein : projets, affaires, plaisirs, amitiés, amours, chagrins domestiques, je vous ai tout confié; & vous, vous vous tenez sur la réserve pour une mince explication avec moi! est-ce là être mon ami!.. Ah! les larmes m'en viennent aux yeux!.... Les Princes ne peuvent-ils donc pas avoir un ami?

Le Duc de SULLY *du ton le plus tendre.*

Ah! mon adorable Maître! cette force, cette vérité de sentiment m'éclaire à présent sur ma faute. Oui, Sire, j'ai eu tort de ne m'être pas expliqué dès le premier instant, & de...

HENRI *avec la plus grande vivacité.*

Oui, Monsieur, & vous sentiriez encore mille fois davantage votre tort, si vous sçaviez, mon ami, ce que j'ai souffert, moi, pendant notre espece de brouillerie. Que cela n'arrive donc plus ; je ne veux pas que nos petits dépits durent plus de vingt-quatre heures; entendez-vous, Rosny?

Le Duc de SULLY *avec passion.*

Oh! je les préviendrai dès leur naissance. Ah, Sire!... ah, mon ami!... pardonnez au trouble de mon cœur... ce mot qui vient de m'échapper...

HENRI *avec la derniere vivacité.*

Appelle moi ton ami, mon cher Rosny, ton ami. Eh! que je l'ai bien sentie cette amitié que j'ai pour toi! Tiens, lorsque tout-à-l'heure, auparavant de passer chez la Reine, je me suis contraint à te faire un accueil froid, & que je t'ai appellé *Monsieur*, te rappelles-tu de ne m'avoir répondu que par une inclination de tête, & une révérence profonde? Eh bien, en voyant ta douleur & ton attendrissement, mon cher Rosny, peu s'en est fallu que dans ce moment je ne t'aie jetté les bras au col, & que je n'aie commencé par-là notre explication.

Le Duc de SULLY *dans le dernier attendrissement
& d'une voix entrecoupée.*

Ah , Sire ! ce dernier trait….. ah ! permettez
qu'avec les larmes de la joie … & de la plus tendre
sensibilité …. je me précipite à vos pieds… pour vous
remercier…

HENRI *le relevant avec vivacité.*

Eh ! que faites-vous donc là , Rosny ? Relevez-
vous donc; prenez donc garde ; ces gens-là qui nous
voient , mais qui n'ont pas pu entendre ce que nous
disions , vont croire que je vous pardonne ; vous n'y
songez pas , relevez-vous donc.

*Rosny, un genou en terre , reste la bouche collée sur la
main du Roi pendant tout ce couplet ; le Roi le releve & l'embrasse a plusieurs reprises.*

SCENE VII.

HENRI , le Duc de SULLY , le Duc de
BELLEGARDE , le Marquis de CONCHINY ,
SEIGNEURS de la suite du Roi , les OFFI-
CIERS des Chasses.

HENRI *s'avançant vers la porte.*

MArquis de Praslin , faites relever vos sentinelles.
Tout le monde peut entrer , & partons pour la Chasse.
Mais auparavant que de monter à cheval , je suis bien
aise , Messieurs , de vous déclarer à tous que j'aime
Rosny plus que jamais , & qu'entre lui & moi , c'est
à la vie & à la mort.

Le Duc de SULLY.

Ah , Sire ! comment pourrai-je jamais reconnoître. …

HENRI *l'interrompant.*

En continuant de me servir comme vous m'avez
toujours servi , Monsieur de Rosny.

Le Duc de BELLEGARDE *au Duc de Sully.*

Ah! parbleu, mon cher Duc, je prends bien part...

Le Marquis de CONCHINY *l'interrompant.*

Ah! Monsieur, l'excès de ma joie...

HENRI *l'interrompant.*

Allons, allons, vous lui ferez tous vos complimens à la chasse, où je veux qu'il vienne avec nous.

Le Duc de SULLY.

Moi, Sire?

HENRI.

Vous-même, mon cher Rosny. Je sçais bien que vous n'aimez pas autrement la chasse ; mais j'aime à être avec vous aujourd'hui, moi, toute la journée, mon ami.

Le Duc de SULLY.

Je suis pénétré de ce que vous dites-là, Sire; cependant si Votre Majesté me dispensoit...

HENRI *l'interrompant.*

Non, mon pauvre Rosny, ma chasse ne peut être heureuse si vous n'y venez pas; & j'ai des pressentimens que si vous en êtes, il nous y arrivera des aventures agréables, j'ai cela dans l'idée. Allez donc vous habiller, & venez nous joindre au rendez-vous; l'on n'attaquera pas que vous n'y soyez. *Il lui donne un petit coup sur la joue en signe d'amitié.*

Le Duc de SULLY.

Allons, Sire, je cours donc vîte m'habiller. *Il sort.*

SCENE VIII.

HENRI *& les précédens.*

HENRI.

MOnsieur de Conchiny, il y aura bien des gens à qui ce raccommodement-ci ne plaira pas jusqu'à un certain point.

Le Marquis de CONCHINY.

Ce n'est pas à moi, Sire, je vous le jure.

Le Duc de BELLEGARDE.

Ma foi, Sire, ce raccommodement-ci étoit desiré de tous ceux qui aiment le bien de votre état. Cet homme-là sera toujours le bras droit de Votre Majesté, & il est d'une habileté dans les affaires...

HENRI *l'interrompant.*

Qu'appellez-vous dans les affaires ! ajoutez donc, à la tête de mes Armées, dans mes Conseils, dans les Ambassades... Je l'ai toujours présenté avec succès à mes amis & à mes ennemis ; mais partons, partons.

Le Roi sort, suivi de toute sa Cour.

Fin du premier acte.

ACTE II.

Le Théatre représente l'entrée de la Forêt de Senart, du côté de Lieursain.

SCENE PREMIERE.

LUCAS, CATAU, habillés en Paysans du temps de Henri IV.

L'on entend un Cor-de-Chasse dans l'éloignement.

PArguienne, Mamsele Catau, entendais-vous ces corneux-là ? Encore un coup, v'nais-vous-en voir la chasse avec moi ; all' n'est pas loin d'ici ; allons du côté que j'entendons le Cors.

CATAU.

Oh ! Lucas, je n'ons pas le temps, faut que j'nous en retournions cheux nous.

LUCAS.

LUCAS.

Dame ! c'eſt que ça n'arrive pas tous les jours au
moins , que la chaſſe vienne juſqu'à Lieurſain ! j'y
verrons peut-être notre bon Roi Henri.

CATAU.

Vraiment, j'aurions bien envie de l'voir ; car je
ne l'connoiſſons pas pus qu'toi, Lucas ; mais il ſe fait
tard , ma mere m'attend ; faut que je l'y aide à faire
le ſouper. Mon frere Richard arrive ce ſoir.

LUCAS.

Quoi ! Monſieur Richard arrive ce ſoir ? queu plaiſir ! queue joie ! j'aſpérons qu'il déterminera à mon
mariage avec vous M. Michau votre pere , qui bar-
guigne toujours... Mais morguenne, c'eſt bian mal à
vous de ne m'avoir pas déjà dit ſte nouvelle-là !

CATAU.

Eſt-ce que j'ai pu vous la dire pus tôt donc ? je
viens de l'apprendre tout-à-ſtheure.

LUCAS.

Eh bian ! falloit me la dire tout de ſuite.

CATAU.

Queue raiſon ! eſt-ce que je pouvois vous dire ça
paravant de vous avoir rencontré ?

LUCAS.

Bon ! vous penſiais bian à me rencontrer tant ſeulement ! vous ne penſiais qu'à courir après la chaſſe.
Eſt-ce là de l'amiquié donc , quand on a une bonne
nouvelle à apprendre à queuqu'un !

CATAU.

Mais , voyez donc queue querelle il me fait , pendant que je n'ai voulu voir la chaſſe , que parce que
je ſçavois ben que je l'rencontrerions en chemin ,
ce bijou-là !... & il faut encore qu'il me gronde !...
Allez , vous êtes un ingrat.

LUCAS *d'un air tendre.*

Eh ! pardon, Mamſelle Catau ! c'eſt que j'igno-
rions tout ça , nous... Dame ! voyais-vous, c'eſt que
j'vous aimons tant , tant , tant.

D

CATAU.

Eh ! pardi, je vous aimons ben aussi, nous, Monsieur Lucas ; mais je n'vous grondons pas qu'vous ne l'méritiais.

LUCAS *en riant.*

Oh ! tatigué ! vous me grondais bian queuquefois sans que je l'méritions ; par exemple, hier encore, devant Monsieur & Madame Michau, ne me grondîtes-vous pas d'importance, à propos de ste dévergondée d'Agathe, qui a pris sa volée avec ce jeune Seigneur ! Dirais-vous encore que j'avons tort ?

CATAU *d'un air mutin.*

Oui, sans doute, je le dirai encore. Je ne sçaurais croire, moi, qu'Agathe s'en soit en allée exprès avec ce Monsieur ; c'est une fille si raisonnable, elle aimoit tant mon frere Richard ! Allais, allais, il y a queuque chose à cela que je n'comprenons pas.

LUCAS *en se moquant.*

Oh ! j'arnigoi, je l'comprends bian moi.

CATAU.

Oh ! tiens, Lucas, ne renouvellons pas ste querelle-là, car je te gronderions encore, si j'avions le temps ; mais j'ons affaire. Adieu, Lucas.

LUCAS.

Adieu, méchante.

CATAU *lui jetant son bouquet au nez.*

Méchante ! tiens, v'là pour t'apprendre à parler.

SCENE II.

LUCAS *seul.*

ATtendais donc, attendais donc. La petite espiegle ! elle est déjà bian loin... C'est gentil pourtant ça ; la façon dont all'me baille son bouquet, en faisant semblant de me l'jeter au nez ! ça est

tout-à-fait agriable! *Ramaſſant le bouquet, & apper-*
cevant Agathe en ſe relevant Mais que vois-je? ons-
je la barlue? Avec tous ces beaux ajuſtorions-là, c'eſt
Mamſelle Agathe, Dieu me pardonne!

SCENE III.

LUCAS, AGATHE *habillée comme une Bourgeoiſe*
étoffée du temps de Henri IV, en vertugadin, en
grand collet monté, en dentelles fort empeſées, &
coëffée en dentelles noires.

AGATHE.

C'Eſt moi-même, mon cher Lucas; de grace,
écoute-moi un moment...

LUCAS *l'interrompant.*

Tatigué, comme vous v'là brave, Mamſelle Agathe! vous v'là vêtue comme une Princeſſe! Vous arri-
vais donc de Paris?... de la Cour?... Faut qu'vous y
ayez fait eune belle forteune depuis ſix ſemaines
qu'ous êtes diſparue de Lieurſain! Monſieur Jérôme
vot' pere, qu'eſt l'pus p'tit Fermier de ce canton,
n'a pas dû vous reconnoître... Allais, vous devriais
mourir de pure honte!

AGATHE *d'un air triſte.*

Hélas! les apparences ſont contre moi; mais je ne
ſuis point coupable: le Marquis de Conchiny m'a
fait enlever malgré moi, & m'a fait conduire à Paris;
ce cruel m'a tenue ſix ſemaines dans une eſpece de
priſon... Ma vertu, mon courage & mon déſeſpoir
m'ont prêté les forces néceſſaires pour me tirer de ſes
mains; je me ſuis échappée, j'arrive à l'inſtant, &
t'ayant apperçu d'abord, & ayant à te parler, je n'ai
pas voulu me donner le temps de quitter ces habits,
qu'on m'avoit forcée de prendre, & qui paroiſſent
dépoſer contre mon honneur.

LUCAS *d'un air moqueur.*

Déposer contre mon honneur ! les biaux tarmes, comme ça est bian dit ! V'là c'que c'est que d'avoir demeuré, depuis vot'enfance jusqu'à l'âge de quatorze ans, cheux ste Signora Léonor Galigaï, là ousque ce Marquis de Conchiny est devenu vot'amoureux. Dame ! d'avoir été élevée cheux ces grands Seigneurs, ça vous ouvre l'esprit d'une jeune fille, ça ! ça vous a aprins à bian parler & à mal agir... Mais parce qu'ous avais de l'esprit, pensais-vous pour ça que je sommes des bêtes, nous ?... croyais-vous que je vous crairons ? tarare ! comm'je fis la dupe de ste belle loquence-là !

AGATHE.

Mais, si tu veux bien, mon ami...

LUCAS *l'interrompant.*

Moi, vot'ami ! après c'qu'ous avais fait ! l'ami d'une perfide qui trahit Monsieur Richard, à qui elle assure qu'all' l'aime, & qui, par après, le plante là, pour eun Seigneur qu'all' ne peut épouser !... à qui all' vend son honneur pour avoir de biaux habits, & n'être pus vêtue en paysanne ! Moi, l'ami d'une criature comm'ça !... fi, morgué ! ignia non pus d'amiquié pour vous dans mon cœur, qui gni en a sur ma main, voyais-vous.

AGATHE.

Encore un coup, Lucas, rien n'est plus faux que...

LUCAS *l'interrompant.*

Rian n'est pus vrai... Et ça est indigne à vous, d'avoir mis comm'ça le trouble dans not' Village... d'avoir arrêté tout court nos mariages !... J'étais prêt d'apouser, moi, Mamselle Catau, la sœur de Monsieur Richard : Monsieur Michau, son pere à elle & à lui... Monsieur Michau qu'est le plus riche Meûnier de ce Royaume, vous auroit mariée vous-même à Monsieur Richard son fils, qu'est un garçon d'esprit... qu'a fait ses études à Melun, qui parle comme un livre, de même que vous... qui sçait le latin, & qui à

cauſe de ça , & de dépit de ce que vous l'avais abandonné , va, ſe dit-il , ſe precipiter dans l'Egliſe , à
celle fin de devenir par après not' Curé.

AGATHE.

Puiſque tu ne veux pas m'entendre , dis-moi du
moins ſi Richard eſt ici.

LUCAS.

Non , il n'y eſt pas ; il n'y ſera que ce ſoir. N'a-
t-il pas eu la duperie d'aller pour vous à Paris , Mamſelle , à celle fin de demander juſtice à not' bon Roi ,
qui ne la refuſe pas pus aux petits qu'aux grands ?

AGATHE *à part , en ſoupirant*

Que je ſuis malheureuſe ! comment me juſtifier ?...
Haut. Sans que je puiſſe m'en plaindre , Richard aura
toujours droit de conſerver des ſoupçons odieux.

LUCAS.

Il auroit un gros tort d'en conſerver , oui !... Bon !
vous larmoyez ! eh ouiche ! Toutes ces pleurs de
femmes là ſont de vraies attrapes-minettes.

AGATHE.

Hélas ! je te pardonne de ne me pas croire ſincere ;
mais ſi ce n'eſt pas pour moi , du moins , par amitié
pour Richard , rends-lui un ſervice , qu'en t'apper-
cevant au commencement de la forêt , je ſuis venue
te demander ici... C'eſt pour lui que tu agiras.

LUCAS.

Voyons qu'euqu' c'eſt , Mamſelle?

AGATHE *très-affectueuſement.*

C'eſt un ſervice qui tend à me juſtifier vis-à-vis de
mon Amant , s'il eſt poſſible .. De grace, rends-lui
cette lettre , (*Elle lui préſente une lettre.*) que je lui
écrivois à tout hazard , & que l'occaſion que je trou-
vai ſur le champ de me ſauver , ne m'a pas même laiſſé
le temps d'achever... Donne la lui donc... Prends-
moi en pitié... & ne me réduis pas au déſeſpoir en
me refuſant.

LUCAS *attendri, & ſe retenant.*

Baillez-moi ſte lettre , la belle pleureuſe ; je la l'y

rendrons. Vous m'avais attendri ; mais ne pensais pas pour ça m'avoir fait donner dans le pagniau , non... Non , palsangué ; & je l'y parlerons contre vous ; je vous en pervenons d'avance... Je ne voulons pas que not' ami Richard , & qui sera biantôt not' biau-frere , achetient chat en poche ; entendais-vous ?

AGATHE.

Va, ce n'est pas toi qu'il m'importe de convaincre de mon innocence ; c'est mon Amant , c'est son pere, aux pieds desquels je suis résolue de m'aller jeter , pour leur jurer que je ne suis point coupable. Avertis-moi seulement dès que Richard sera arrivé.

LUCAS.

Oui , oui , je vous avartirons. Allais , allais, je vous le pormettons.

SCENE IV.

LUCAS *seul , & mettant la lettre dans sa poche.*

COmme ces femelles avіont les larmes à cammandement ! ça pleure quand ça veut déjà, & d'un... & pis, quand s'agit de leux honneur, ces filles vous font d'shistoires, d'shistoires... qui n'ont ni pere, ni mere ; & presque toujours , nous autres hommes, après avoir bian bataillé pour ne les pas craire , j'finissons toujours par gober ça ; je somm'assez benais pour ça.

Baisser ici les lampes.

Et d'ailleure, ste petite mijaurée-là, qui par son équipée m'a reculé, à moi, mon mariage avec ma petite Catau, que j'aimons de tout not' cœur ! C'est-il pas endevant ça !... Mais l'ami Richard devrait être arrivé ; car le jour commence à tomber un tantinet. Eh mais, c'est l'y-même.

SCENE V.

RICHARD, LUCAS.

LUCAS *courant l'embrasser.*

Pardi, Monsieur Richard, que je nous embrassions !... encore... morgué encore. Je n'me sens pas d'aise, mon ami !

RICHARD.

Ah ! mon cher Lucas ! j'ai plus besoin de ton amitié que jamais, mon malheur est sans ressource.

LUCAS.

J'nous en équions toujours bian douté. Mais comment ça donc ?

RICHARD.

Comment ? tu as vu que j'étois parti pour Paris, dans le dessein de m'aller jeter aux pieds de Sa Majesté ; mais ce malheureux Marquis de Conchiny, qui a sçu mon projet, sans doute par ses espions, dont je me suis bien apperçu que j'étois suivi, m'a fait dire qu'il me feroit arrêter si je restois à Paris.

LUCAS.

Queu scélérat !

RICHARD.

Ce ne font point ces menaces qui m'ont déterminé à revenir ; c'est une lettre qu'après cela j'ai reçue d'Agathe. La perfide m'écrit qu'elle ne m'aime plus.

LUCAS.

All' vous avoit déjà écrit ?

RICHARD *très-vivement.*

Oui, Lucas ; elle m'a écrit qu'elle ne m'aimoit plus, elle !... elle !... Ah ! sans doute cet infame séducteur, soit par force, soit par adresse, est parvenu à s'en faire aimer lui-même !... Elle aura été éblouie par la grandeur imposante de ce vil Seigneur étranger.

LUCAS.

Oui , elle l'aime , vrai.

RICHARD *avec transport.*

Quoi ! elle l'aime !... elle ne m'aime plus !... ma rage... Mais calmons ces transports, qui ne font qu'irriter mes maux ; oublions-la... Je ne la veux voir de ma vie.

LUCAS.

Oh ! vous ferez très bian. Alle est ici stapendant.

RICHARD *très-vivement.*

Elle est ici ! elle est ici !

LUCAS.

Oui , alle est ici de tout-à-stheure. All' m'est déjà venu mentir sur tout ça , la petite fourbe... Et pour se justifier , le dit-elle , alle m'a même baillé pour vous une lettre que j'ons là.

RICHARD *encore plus vivement.*

Quoi ! tu as une lettre d'elle , & pour moi ! Donne donc vîte , donne donc.

LUCAS *lui montrant la lettre sans la donner.*

Tenais, la v'là ; mais , croyais-moi , déchirons-la sans la lire ; ignia que des faussetés là-dedans.

RICHARD *la lui arrachant.*

Eh ! donne toujours... Quelle est ma foiblesse ! Tu as raison , Lucas ; je ne devrais pas la lire. Mon plus grand tourment est de sentir que j'adore encore Agathe plus que jamais.

LUCAS.

C'est bian adoré à vous ! Mais lisais donc tout haut , que je voyions c'qua chante.

RICHARD *lisant la lettre, d'une voix altérée ,*
& le cœur palpitant.

Très-volontiers. *Il lit.* « *Le Lundi , à six heures*
» *du matin. N'ajoutez aucune foi , mon cher Richard ,*
» *à l'affreuse lettre que vous avez sans doute reçue de*
» *moi ; c'est le Valet-de-Chambre du Marquis de Con-*
» *chiny , ce vilain Fabricio , qui m'a forcé de vous l'é-*
» *crire , en m'apprenant que vous étiez à Paris , &*
» *que*

>> que son Maître étoit déterminé à se porter contre vous
>> aux dernieres violences , si je ne vous l'écrivois pas. Il
>> m'a promis en même temps , que pour prix de ma com-
>> plaisance l'on m'accorderoit plus de liberté. Ce der-
>> nier article m'a décidé ; car si l'on me tient parole ,
>> je compte employer cette liberté à me sauver d'ici ; nul
>> danger ne m'effrayera ; je crains moins la mort que
>> de cesser d'être digne de vous. Je vous écris cette lettre
>> sans sçavoir par où , ni par qui je puis vous la faire
>> tenir ; c'est un bonheur que je n'attends que du Ciel ,
>> qui doit protéger l'innocence. Je vous aime toujours ,
>> je n'aimerai jamais que... Mais j'apperçois que la
>> petite porte du jardin est ouverte.... ma fenêtre n'est
>> pas bien haute.... avec mes draps je pourrai... j'y vole.

Ah, Ciel ! elle sera descendue par sa fenêtre ! Eh !
si elle s'étoit blessée, Lucas !

LUCAS *d'un air railleur.*

Blessée, eh ! je venons de la voir. Vous donnez
donc comme un gniais dans toute stécriture-là , vous !

RICHARD.

Comment ! que veux-tu dire ?

LUCAS.

Tatigué ! qu'alle a de génie ste fille-là ! la belle
lettre ! queu biau style ! comme'ça est en même temps
magnifique & parfide!

RICHARD.

Quoi, Lucas ! tu pourrois penser qu'elle me trom-
pe , qu'elle me trahit , qu'elle pousseroit la perfidie
jusqu'à...

LUCAS *l'interrompant.*

Oui, morgué , je l'croyons de reste. Ce Marquis ,
& elle, ils auront arrangé ste lettre-là ensemblement ,
& par exprès , pour qu'vous en soyais le Claude.

RICHARD.

Non , elle n'est point capable d'une telle horreur ;
& toi-même...

LUCAS *l'interrompant.*

Et moi-même... Je vous disons que c'est sûrement

là un tour de ce Marquis. Il n'en veut pus, il la renvoie à fon Village.

RICHARD.

Comment ! malheureux ! tu t'obftines à vouloir qu'une fille comme Agathe...

LUCAS.

Malheureux ! Oh ! point d'injures, not'ami ; mais tenais, quand je n'nous y obftinerions pas... là, pofez qu'alle foit innocente... après avoir été fix femaines cheux ce Seigneur, qu'eft-ce qui le croira ? faut qu'all' le prouve, paravant que vous puiffiais la revoir avec honneur. Voudriais-vous en la revoyant fans qu'all' foit juftifiée, courir les rifques de vous laiffer encore enforceler par elle, & qu'all' vous conduife à l'époufer ? c'eft ce qui arriveroit dà, & ce qui feroit biau, n'eft-ce pas ?

RICHARD *très-triftement.*

Oui, tu as raifon, Lucas; je ne dois pas m'expofer à la voir, je fens trop bien la pente que j'ai à me faire illufion. Mais, allons chez toi, mon cher ami; j'y veux paffer une heure ou deux, pour calmer mes fens & me remettre un peu.

Baiffer les lampes tout-à-fait.

Tendrement. Ne portons point chez mon pere, & au fein de ma fille, les apparences, du moins, du chagrin qui me dévore.

LUCAS.

Oui, v'nais-vous-en cheux nous ; auffi bian v'la la nuit clofe, & fte forêt, comme vous fçavois, n'eft pas fûre dans ces heures-ci ; ignia tant de Braconiers & de Voleurs, c'eft tout un... Tenais, tenais, il me femble que j'en entends déjà queuques-uns dans ce taillis.

RICHARD *en foupirant.*

Oui, allons, mon ami. Nous parlerons chez toi de ton mariage avec ma fœur Catau ; & puifque le mien ne peut pas fe faire, je veux preffer mon pere de finir le tien. il n'est pas juste que tu souffres de mon malheur, ce seroit un chagrin de plus pour moi.

Ils se retirent.

SCENE VI.

Le Duc de BELLEGARDE, le Marquis de CONCHINY.

Le Marquis de CONCHINY *arrivant dans l'obscurité & en tâtonnant.*

Nous avons manqué nos relais; Monsieur le Duc, cela est cruel.

Le Duc de BELLEGARDE.

Ah ! d'autant plus cruel, mon cher Conchiny, que nos chevaux ne peuvent plus même aller le pas. Comme la nuit est noire !

Le Marquis de CONCHINY.

L'on n'y voit point du tout; j'ai même de la peine à vous distinguer. Il faut que ce damné cerf nous ait fait faire un chemin...

Le Duc de BELLEGARDE *l'interrompant.*

Un chemin du diable !... Quel cerf ! il s'est fait battre d'abord pendant trois heures dans ces bois de Chailly ; il passe enfuite la riviere, nous fait traverser la forêt de Rougeant, où il tient encore deux mortelles heures ; & il nous conduit enfin bien avant dans le Senart, où nous sommes...

Le Marquis de CONCHINY *l'interrompant.*

Sans sçavoir où nous sommes. Mais, j'entends marcher .... quelqu'un vient à nous.

SCENE VII.

Le Duc de SULLY arrive en tâtonnant, & saisit
le bras du Duc de Bellegarde.

Le Duc de BELLEGARDE, le Marquis de CONCHINY.

Le Duc de SULLY.

AH ! Sire, seroit-ce vous ? Est-ce vous, Sire ?

Le Duc de BELLEGARDE.

C'est la voix de Monsieur de Rosny, & son cœur ;
car il n'est occupé que de son Roi.

Le Duc de SULLY.

C'est moi-même..... Eh ! c'est vous, Duc de
Bellegarde ! Etes-vous seul ici ? sçavez-vous où est
le Roi ? a-t-il quelqu'un avec lui ?

Le Duc de BELLEGARDE.

Il y a deux heures que j'en suis séparé ; il n'étoit
point avec le gros de la chasse quand je l'ai perdu ;
& pour moi, je suis ici, uniquement, avec le Marquis de Conchiny.

Le Marquis de CONCHINY.

Avec votre serviteur, Duc de Sully. Mais vous,
qu'avez-vous donc fait de votre cheval ?

Le Duc de SULLY.

Je l'ai donné à un malheureux valet, qui s'est cassé
la jambe devant moi. Mais, dites-moi donc, Messieurs, en quel endroit de la forêt nous trouvons-
nous ici ?

Le Marquis de CONCHINY.

Ma foi, nous y sommes égarés ; voilà tout ce
que nous sçavons.

Le Duc de BELLEGARDE.

Cela est agréable !.... & sur-tout pour un galant

Chevalier comme moi, qui devoit, ce soir même, mettre fin à une aventure des plus brillantes .... soit dit entre nous ..... sans vanité & sans indiscrétion, Messieurs.

Le Duc de SULLY *d'un air brusque.*

Duc de Bellegarde, vous n'avez que vos folies en tête ! je pense au Roi, moi. Il n'aura peut-être été suivi de personne ; la nuit est sombre, je crains qu'il ne lui arrive quelque accident.

Le Marquis de CONCHINY *d'un air indifférent.*

Bon ! quel accident voulez-vous qu'il lui arrive ?

Le Duc de SULLY *vivement.*

Eh ! quoi, Monsieur, ne peut-il pas être rencontré par un Braconnier ? par quelque voleur ? Que scais-je, moi !... *Avec colere.* En vérité le Roi devroit bien nous épargner les alarmes où il nous met pour lui ! Que diable ! ne devroit-il pas être content d'être échappé à mille périls, qui étoient peut-être nécessaires dans le temps ; & cet homme-là ne sçauroit-il se tenir de s'exposer encore aujourd'hui à des dangers tout-à-fait inutiles ?

Le Duc de BELLEGARDE *d'un ton léger.*

Eh mais, mon cher Sully, vous mettez les choses au pis. J'aime le Roi autant que vous l'aimez, &...

Le Marquis de CONCHINY *d'un air indifférent.*

Et moi aussi assurément... Mais, par ma foi, c'est vouloir s'inquiéter à plaisir que de...

Le Duc de SULLY *l'interrompant brusquement.*

Vive Dieu! Messieurs, nous avons donc une façon d'aimer le Roi tout-à-fait différente..... Car moi, je vous jure que dans ce moment-ci je ne suis nullement rassuré sur sa personne. J'ai peur de tout pour lui, moi ; je ne suis point aussi tranquille que vous l'êtes.

SCENE VIII.

UN PAYSAN *ayant sur le dos une charge de bois,*
Le Duc de SULLY, le Duc de BELLEGARDE,
Le Marquis de CONCHINY.

LE PAYSAN *chantant sur l'air des Forgerons de
Cythere.*

JE suis un Bucheron,
Qui travaille & qui chante...

Le Duc de SULLY *arrêtant le Paysan.*
Qui va là ? Qui es-tu ?

LE PAYSAN *jetant son bois de frayeur, & tombant
aux pieds de M. de Sully.*
Miséricorde ! Messieurs les voleurs, ne me tuais
pas..... Mon cher Monsieur, si vous êtes leux Capitaine, ordonnais-leux qui me laissiont la vie.....
V'là quatre patards & trois carolus, c'est tout c'que
j'avons.

Le Marquis de CONCHINY.
Vous, Capitaine de voleurs, mon cher Surinten-
dant ! cela est piquant au moins, mais très-piquant !

Le Duc de SULLY *d'un ton févere.*
C'est plaifanter bien à propos & bien légérement,
Monsieur.

Le Duc de BELLEGARDE *au Paysan.*
Leve-toi, mon bon homme, leve-toi ; nous ne
sommes point des voleurs, mais des chasseurs égarés, qui te prions de nous conduire au plus prochain
Village.

LE PAYSAN.
Eh ! parguenne, Messieurs, vous n'êtes qu'à une
portée de fusil de Lieursain.

Le Duc de SULLY.
De Lieursain, dis-tu ?

LE PAYSAN.

Oui, Monfieur, & v'navais qu'à me fuivre.

Le Duc de BELLEGARDE.

Bien nous prend que ce foit fi près ; car nous fommes excédés da laffitude.

Le Marquis de CONCHINY.

Et nous mourons de faim. Dis-moi, l'ami, trouverons-nous de quoi ?

LE PAYSAN *l'interrompant.*

Oh oui, car je vons vous mener chez le Garde-Chaffe de ce canton ; vous y trouverais des lapins par centaine ; car ces gens-là ils mangiont les lapins, eux : & les lapins nous mangiont, nous.

Le Duc de SULLY *donnant de l'argent au Payfan.*

Tiens, mon enfant, voilà un Henri, conduis-nous.

Le Duc de BELLEGARDE *lui en donnant auffi.*

Tiens, mon pauvre garçon.

Le Marquis de CONCHINY *lui en donnant de même.*

Tiens encore. Eh bien, nous crois-tu toujours des voleurs !

LE PAYSAN.

Au contraire, & grand merci, mes bons Seigneurs. Suivais-moi. Dame fi je vous ont pris pour des voleurs, c'eft que fte forêt-ci en fourmille ; car depis nos guerres civiles, biaucoup de Ligueux avont pris fte profeffion-là.

Le Duc de SULLY.

Allons, allons ; conduis-nous, & marche le premier.

LE PAYSAN.

Venais, venais par ce petit fentier ; par ilà, par là.

Le Duc de SULLY *faifant paffer les autres, dit en s'en allant.*

Je fuis toujours inquiet du Roi, il ne me fort point de l'efprit. *Il fuit le dernier.*

SCENE IX.

HENRI IV *arrive en tâtonnant.*

OU vais-je?... où suis-je?... où cela me con-
duit-il?... Ventrefaintgris! je marche depuis
deux heures pour pouvoir trouver l'iſſue de cette
forêt. Arrêtons-nous un moment..... & voyons.....
Parbleu! je vois... que je n'y vois rien; il fait une
obfcurité de tous les diables! *Tâtant le fol avec fon
pied.* Ceci n'eft point un chemin battu, ce n'eft point
une route!, je fuis en plein bois. Allons, je fuis égaré
tout de bon; c'eft ma faute auſſi, je me fuis laiſſé
emporter trop loin de ma Suite, & l'on fera en peine
de moi, c'eft tout ce qui me chagrine; car du refte,
le malheur d'être égaré n'eft pas bien grand. Pre-
nons notre parti cependant..... repofons-nous, car
je fuis d'une laſſitude..... Je fuis rendu. *Il s'aſſied
auprès d'un arbre.* Oh, oh! cette place-ci n'eft pas
trop défagréable; eh, mais, là, l'on n'y paſſeroit pas
mal la nuit, ce coucher-ci n'eft pas trop dur; j'en
ai parbleu trouvé, par fois, de plus mauvais..... *Il
fe couche & fe remet tout de fuite à fon féant.* Si ce
pauvre diable de Duc de Sully, qui ne vient à la
chaſſe que par complaifance, que j'ai forcé aujour-
d'hui de m'y fuivre, s'eft par malheur égaré comme
moi; oh! je fuis perdu..... je fuis perdu; & ce feroit
encore bien pis fi j'étois obligé de paſſer la nuit dans
la forêt; il me feroit un train..... il me feroit un
train..... je n'aurois qu'à bien me tenir!.... Il me
femble que je l'entends, qui me dit avec fon air auf-
tere: j'adore Dieu, Sire, vous avez beau rire de
tout cela, je ne vois rien de plaifant, moi, à faire
mourir d'inquiétude tous vos Serviteurs... Si je pouvois cependant repofer, & m'endormir quelques
heures,

heures, je reprendrois des forces pour me tirer d'ici.
Effayons... *Il paroît repofer un inftant ; on tire un coup
de fufil, il s'éveille, & fe releve en mettant la main
fur la garde de fon épée.* Il y a ici quelques voleurs,
tenons-nous fur nos gardes.

SCENE X.

Deux BRACONNIERS, HENRI IV.

Ier. BRACONNIER *fortant de la couliffe, & voyant
fon camarade tirer en paroiffant.*

Es-tu fûr de l'avoir mis à bas ?
IIe. BRACONNIER.
Oui, c'eft une biche. Il me femble l'avoir entendu
tomber.
HENRI *allant vers le fond du Théatre.*
Ce font des Braconniers, je vois cela à leur entre-
tien.
I. BRACONNIER.
Ne dis-tu pas que tu la tiens ?
II. BRACONNIER.
Tu rêves creux, je n'ai point parlé.
I. BRACONNIER.
Si ce n'eft pas toi qui as parlé, il y a donc ici quel-
qu'un qui nous guette : je me fauve, moi.
II. BRACONNIER.
Parguene, & moi je m'enfuis.
HENRI *les rappellant.*
Eh ! Meffieurs !... Meffieurs !... Bon ! ils font déjà
bien loin... Ils auroient pu me tirer d'ici ; & me voilà
tout auffi avancé que je l'étois.

F

SCENE XI.

HENRI IV, MICHAU *ayant deux pistolets à sa ceinture, & une lanterne sourde à la main.*

MICHAU *saisissant Henri par le bras.*

AH ! j'tenons l'coquin qui vient de tirer sur les cerfs de notre bon Roi. Qu'êtes-vous ? allons, qu'êtes-vous ?

HENRI *hésitant.*

Je suis, je suis... (*à part, & se boutonnant pour cacher son cordon bleu.*) Ne nous découvrons pas.

MICHAU.

Allons, coquin, répondais donc : qu'êtes-vous ?

HENRI *riant.*

Mon ami, je ne suis point un coquin.

MICHAU.

M'est avis que vous ne valient guere mieux ; car vous ne répondais pas net Qu'est-ce qu'a tiré le coup de fusil que je venons d'entendre ?

HENRI.

Ce n'est pas moi, je vous jure.

MICHAU.

Vous mentais, vous mentais.

HENRI.

Je mens... je mens... *A part.* Il me semble bien étrange de m'entendre parler de la sorte... *Haut.* Je ne mens point ; mais...

MICHAU.

Mais... mais... mais je n'font pas obligé de vous croire. Queul est vot' nom ?

HENRI *en riant.*

Mon nom... mon nom ?...

MICHAU.

Vot' nom, oui, vot' nom. N'avous pas de nom ?
D'où venient-vous ? Queuque vous faites ici ?

HENRI *à part.*

Il est pressant... *Haut.* Mais voilà des questions...
des questions ..

MICHAU *l'interrompant.*

Qui vous embarrassent, je voyons ça. Si vous étais
un honnête-homme, vous ne tortilleriez pas tant
pour y répondre. Mais c'est qu'vous ne l'êtes pas ?..
& dans ce cas-là, qu'on me suive cheux le Garde-
Chasse de c'canton.

HENRI.

Vous suivre ! eh de quel droit ? de quelle auto-
rité ?

MICHAU.

De queu droit ? du droit que j'nous arrongeons,
tous tant que nous sommes de Paysans ici, de garder
les plaisirs de not' Maître... Dame, c'est que voyais-
vous, d'inclination, par amiquié pour not' bon
Roi, tous l'shabitans d'ici l'y sarviont de Garde-
Chasse, sans être payés pour ça, afin que vous
ell'fachiais.

HENRI *à part, & d'un ton tres-attendri.*

M'entendre dire cela à moi-même ! ma foi, c'est
une sorte de plaisir que je ne connoissois pas encore.

MICHAU.

Queuque vous marmotais-la tout bas ? Allons,
allons, qu'on me suive.

HENRI *d'un ton de badinage.*

Je le veux bien ; mais auparavant voudriez-vous
bien m'entendre ? Me ferez-vous cette grace-là ?

MICHAU *d'un ton badin.*

C'est, je crois, pus qu'ous n'méritais. Mais voyons
ce qu'ous avais à dire pour vot' défense ?

HENRI *toujours d'un ton badin.*

Je vous représenterai bien humblement, Monsieur,
que j'ai l'honneur d'appartenir au Roi ; & que, quoi-

que je sois un des plus minces Officiers de Sa Majesté, je suis aussi peu disposé que vous à souffrir qu'on lui fasse tort. J'ai suivi le Roi à la chasse ; le cerf nous a menés de la forêt de Fontainebleau jusqu'en celle-ci ; je me suis perdu , &...

MICHAU *l'interrompant.*

De Fontainebleau, le cerf vous mener à Lieursain *!* ça n'est guere vraisemblable.

HENRI *à part.*

Ah , ah , je suis à Lieursain !

MICHAU.

Ça se peut pourtant. Mais pourquoi avous quitté, avous abandonné not' cher Roi à la chasse ? ça est indigne ça.

HENRI.

Hélas ! mon enfant , c'est que mon cheval est mort de lassitude.

MICHAU.

Falloit le suivre à pied , morgué. S'il l'y arrive queuqu'accident , vous m'en répondrais déjà. Mais, tenais , j'ons bien de la peine à craire... Là , dites-moi , là , dites-vous vrai ?

HENRI.

Encore un coup , je vous dis que je ne mens jamais.

MICHAU.

Queu chien de conte ! ça vit à la Cour , & ça ne ment jamais ! eh ! c'est mentir ça.

HENRI *légérement.*

Eh bien , Monsieur l'incrédule , donnez-moi retraite chez vous , & je vous convaincrai que je dis la vérité. Pour commencer , voici d'abord une piece d'or , & demain , je vous promets de vous payer mon gîte , au-delà même de vos souhaits.

MICHAU.

Oh ! tatigué , je voyons à présent qu'vous dites vrai ; vous êtes de la Cour. Vous baillais une bagatelle aujourd'hui , & vous faisien pour le lendemain

de grandes promeſſes que vous n'quienrais pas.
HENRI *à part.*
Il a de l'eſprit.
MICHAU.
Mais appernais que je n'ſis pas Courtiſan, moi ;
que je m'appelle Michel Richard, ou plutôt, qu'on
me nomme Michau, & j'aime mieux ça, parce que
c'eſt plus court ; que je ſis Meûnier de ma profeſſion ;
que je n'ons que faire de vot' argent ; que je ſons
riche.
HENRI.
Tu me parois un bon compagnon, & je ſerai
charmé de lier connoiſſance avec toi.
MICHAU *fronçant le ſourcil.*
Tu me parois !... avec toi... Eh mais, vos êtes
familier, Monſieur le mince Officier du Roi ! eh !
mais, j'vous valons bian, peut-être ! Morgué, ne
m'tutayais pas, j'naimons pas ça.
HENRI *d'un ton de badinage.*
Ah ! milles excuſes, Monſieur, bien des pardons...
MICHAU *l'interrompant.*
Eh ! non, ne gouaillai pas ; c'n'eſt point que je
ſoyons fiars ; mais c'eſt que je n'admettons point de
famigliarité avec qui que ce ſoit, que paravant je
n'ſachions s'il le mérite, voyais-vous.
HENRI *d'un air de bonté.*
Je vous aime de cette humeur-là ; je veux devenir
votre ami, Monſieur Michau, & que nous nous
tutayons quelque jour.
MICHAU *lui frappant ſur l'épaule.*
Oh ! quand je vous connoîtrons, ça s'ra différent.
HENRI *ſouriant.*
Oh ! oui, tout différent... Mais, de grace, tirez-
moi d'ici à préſent.
MICHAU.
Très-volontiers : & pis que vous êtes honnête, je
veux vous faire voir, moi, que je ſis bon homme.
Venez-vous-en cheux nous ; vous y verrez ma femme

Margot, qui n'est pas encore si déchirée, & ma fille Catau, qui est jeune & jolie, elle.

HENRI *avec vivacité.*

Votre fille Catau est jolie ? Elle est jolie, dites-vous ?

MICHAU.

Guiable ! comme vous pernais feu d'abord ! Vous m'avez l'air d'un gaillard.

HENRI *vivement.*

Mais, oui ; j'aime tout ce qui est joli, moi, j'aime tout ce qui est joli.

MICHAU.

Eh ! oui, l'on vous en garde ! Oh ! mais ne badinons pas : venais-vous-en tant seulement souper cheux moi. Mon fils arrive c'soir ; j'ons eune poitreine de viau en ragoût, eun cochon de lait, & eun grand lievre en civet.

HENRI *gaiement.*

Vous aurez donc un lit à me donner ? mais sans découcher Mademoiselle Catau.

MICHAU.

Oh ! j'vous coucherons dans un lit qui est dans not' grenier en haut, & qu'est au contraire fort éloigné de l'endroit où couche Catau, & ça pour cause. Je vous aurions bian baillé le lit de not' fils s'il n'étoit pas revenu ; mais dame ! je voulons que not' enfant soit bian couché par préférence.

HENRI *toujours gaiement, & avec bonté.*

Cela est trop juste. Pardieu, je serois fâché de le déranger ; & vous avez raison, cela est d'un bon pere.

MICHAU.

C'est qui sera las ; c'est qui sera harassé, voyais-vous. Allons, allons ; venais-vous-en, Monsieur. A vous faim ?

HENRI *vivement.*

Oh ! une faim terrible.

MICHAU.

Et foif à l'avenant, n'eft-ce pas ?

HENRI.

La foif d'un Chaffeur ; c'eft tout dire.

MICHAU.

Tant mieux, morgué ! v'mavais l'air d'un bon vi-
vant. Buvez-vous fec ?

HENRI *gaiement.*

Oui, oui, pas mal, pas mal.

MICHAU.

Vous êtes mon homme : fuivais-moi ; je voyons
que nous nous tutayerons bientôt à table. J'allons
vous faire boire du vin que je faifons ici ; il eft excèl-
lent ; quand ce feroit pour la bouche du Roi. Laiffez
faire, nous allons nous en taper.

HENRI.

Ventrefaintgris, je ne demande pas mieux.

MICHAU.

Oh ! pour le coup, je voyons bian qu'vous n'avais
pas menti, vous êt'Officier de not' bon Roi ; car
vous v'nais de dire fon juron.

HENRI *à part, en s'en allant.*

Continuons à lui cacher qui nous fommes ; il me
paroît plaifant de ne me point faire connoître.

Fin du fecond Aête.

ACTE III.

Le Théatre repréfente l'intérieur de la maifon du Meûnier.

L'on voit au fond une table longue de cinq pieds, fur trois & demi de largeur, fur laquelle le couvert eft mis. La nappe & les ferviettes font de groffe toile jaune; à chaque extrêmité une pinte en plomb. Les affiettes de terre commune. Au lieu de verres, des timballes & des gobelets d'argent, pareils à ceux de nos Bateliers; des fourchettes d'acier. Sur le devant, deux efcabelles; près de l'une eft un rouet à filer; au pied de l'autre eft un fac de bled, fur lequel eft empreint le nom de Michau.

SCENE PREMIERE.

MARGOT, CATAU *fuivant fa mere.*

MARGOT.

VOi, Catau; voi, ma fille, s'il ne manque rian à not' couvart, fi t'as ben apporté tout c'qui faut fus la table. V'là Michau, v'là ton paire qui va rentrer dans la Forêt.

CATAU *regardant fur la table.*

Non, ma mere, rien n'y manque, tout eft ben arrangé à préfent, mon pere trouvera tout prêt.

MARGOT *y regardant elle-même.*

Oui, oui; v'là qu'eft ben, mon enfant. Le fouper eft retiré du feu, je l'ons mis fus d'la cendre chaude; il n'y a plus rian à voir de ce côté-là; ainfi remettons-nous donc à not' ouvrage; car ne faut pas êt' un moment fans rian faire.

CATAU.

CATAU *se remettant à l'ouvrage, ainsi que sa mere.*
Vous avez raison, ma mere.

MARGOT.

C'est que l'oisiveté est la mere de tous les vices ;
eh, tien, si ste petite Agathe n'avoit pas été élevée
sans rien faire cheux ste grande Dame, elle n'auroit
pas écouté ce biau Marquis ; elle ne s'en seroit pas en
allée avec lui comme une criature, si elle avoit sçu
s'occuper comme nous, ma fille.

CATAU.

Tenez, maman, v'là mon frere qui arrive ce soir ;
je gage qu'il nous apprendra qu'Agathe est innocente
de tout ça. Oh ! je le gagerois ; car je l'ai crue toujours sage, moi.

MARGOT.

Oui, sage, je t'en réponds ! v'là une belle sagesse
encore ! Mais n'en parlons plus, c'est une trop vilaine
histoire.

CATAU.

Eh bien, ma mere, contez-moi donc d'autres his-
toires. Contez-moi par exemple, d'shistoires d'Esprits... C'est ben singulier ! je n'voudrois pas voir eun
Esprit pour tout l'or du monde, & si cependant je
sis charmée quand j'entends raconter d'shistoires d'Esprits. Si bien donc, ma mere, que vous m'allez en
dire eune.

MARGOT *tout en filant.*

Volontiers, Catau, pisqu'ça te réjouit. Mais ste-
là est ben sûre, ma fille ; c'est Michau, c'est vot'
paire ly-même qu'a vu revenir st'Esprit-là qui revenoit.

CATAU.

Mon paire l'a vu ! il l'a vu !

MARGOT.

Vot' paire ; ce n'sont pas là des contes, puisqu'c'est
lui-même qui l'a vu... Je n'venions que d'être ma-
riés, & y venoit de pardre son paire ; & v'là que tout
d'un coup, quand Michau fut couché, & que sa
chandelle fut éteinte, il entendit d'abord l'Esprit qui

revenoit, sans doute, du sabat... qui glissit tout le long de sa cheminée... & qui entrit dans sa chambre, en traînant de grosses chaînes, trela à, trela à... trela à, trela.

CATAU *toute tremblante.*

De grosses chaînes !... Ah ! le cœur me bat... De grosses chaînes !

MARGOT.

Oui, mon enfant, de grosses chaînes, & qui faisoient un bruit terrible... & pis après le Revenant allit tout droit tirer les rideaux de son lit; cric, crac... cric, crac.

CATAU *tremblant encore davantage.*

Ah ! bon Dieu ! bon Dieu ! que j'aurois t'eu de frayeur !... Eh ! de queue couleur sont les Esprits ? dites-moi donc ça, puisque mon paire a vu st'ilà ?

MARGOT.

Oh ! pardine ! il n'ell' vit pas en face; car de peur d'ell' voir, vot' paire fourit bravement sa têté sous sa couverture... Mais il entendit bien distinctement l'Esprit, qui lui disit ; rends à Monsieur le Curai six gerbes de bled, dont ton paire l'y a fait tort sur sa dixme, ou sinon demain je viendrai te tirer par les pieds.

CATAU *plus tremblante.*

Ah ! tout mon sang se fige ! Et mon paire eut-il ben peur ? (*On frappe à la porte.*) Bonté divine ! n'est-ce pas là un Esprit ?

MARGOT *tremblante aussi.*

Non, non, c'est qu'on frappe à la porte. Va-t'en ouvrir, Catau.

CATAU *mourant de peur.*

Ah ! ma mere, je n'oserois... allez-y vous-même... vous êtes plus hazardeuse que moi.

MARGOT.

Eh ben, eh ben, allons-y toutes les deux ensemble.

CATAU.

Mais ne parlais donc pas comme si vous aviais peur, ma mere, ça me fait trembler davantage.

Non, non, mon enfant, fi je pis m'en empêcher.
L'on frappe encore plus fort. Qui va là, qui va là ?
RICHARD *en dehors.*

C'eft moi, ouvrez.
CATAU *friffonnant de tout fon corps.*

Ah ! ma mere, ça reffemble à la voix de mon
frere Richard... y fera mort, & c'eft fon efprit qui
reviant.

MARGOT *fe raffurant.*

A Dieu ne plaife ! j'ai dans l'idée, moi, que c'eft
l'y-même. (*On frappe encore.*)
RICHARD *en dehors.*

Ouvrez donc. Eh mais, ouvrez donc.
MARGOT *courant ouvrir.*

Oh ! c'eft l'y-même , je vons ouvrir.

SCENE II.

RICHARD , MARGOT, CATAU.

RICHARD *embraffant fa mere.*

COmment vous portez-vous, ma mere ?
MARGOT.

Fort bien, mon cher enfant.
RICHARD *embraffant Catau ?*

Et vous, ma fœur Catau ?
CATAU.

A merveille, mon cher frere.
RICHARD.

J'ai cru , ma mere, que vous ne vouliez pas m'ouvrir ?

MARGOT.

Mon Dieu, fi fait , mon pauvre garçon ; mais
c'eft que ta fœur a eu une fotte frayeur.
CATAU *l'interrompant.*

Oui, c'eft que ma mere a eu peur... Mais qu'a-

vous fait , cher frere ? Eh ben , avous vu le Roi ?
MARGOT.
Eſt-il bel homme ! Oh ! il doit être bieau , il eſt
ſi bon !
RICHARD.
Hélas ! je n'ai pu le voir ; je vous conterai tout
cela ; mais permettez-moi de vous demander aupa-
ravant où eſt mon pere ?
MARGOT.
Il a entendu tirer un coup de fuſil , & il eſt forti ,
pour vouaire qui s'peut être.
RICHARD.
Les Braconniers ne vous laiſſent point tranquilles ?
MARGOT.
Oh ! c'eſt eune varmine qu'on ne peut détranger.
MICHAU *frappant en dehors.*
Holà hée ! Margot , Catau eune lumiere , eune
lumiere.
MARGOT *allant voir.*
Tian , tian , v'là ton paire qu'arrive.

SCENE III.

MARGOT , CATAU , RICHARD , MICHAU ; HENRI.

MARGOT.
EH ben , l'coquin qu'a tiré le coup de fuſil eſt-il
pris ?
MICHAU.
Non , Margot. Je n'ons rian trouvé qu'ſt Etranger ,
à qui faut qu'tu donne à ſouper , & eun logement
pour ſte nuit.
MARGOT.
Oh ! j'ons ben , nous , trouvé eun étranger ben
mélieur , piſqu'il nous appartient. v'là Richard revenu.

MICHAU *pouſſant très-fort Henri.*

Not’ fils eſt revenu ! Eſt ! le v’là ce cher enfant !

HENRI *à part, & en riant.*

Qu’il m’eut pouſſé un peu plus fort, & il m’eût jetté à terre.

MICHAU.

Mais queue joie de te revoir ! Eh bian, comment t’en va, mon garçon ?

RICHARD.

A merveille, mon pere, & le cœur attendri de votre bon accueil.

HENRI *à part.*

Quelle joie naïve !

MICHAU.

Ma foi, Monſieur, vous excuſerais, je ſis ravi de revoir ce pauvre Richard ; ſi ravi… (*tournant le dos à Henri.*) Ignia pus d’un mois que je n’ton vu ; oh, oui, faut qu’igniait pus d’un mois.

MARGOT.

Je t’trouvons un peu maigri.

CATAU.

Oüi, t’as la mine un peu pâlote.

RICHARD.

Je me porte bien, ma mere ; cela va bien, Catau.

MICHAU *s’aſſeyant pour ſe faire ôter ſes guêtres.*

Tant mieux mon ami. Mais aidez-moi un peu, vous autres, à me débarraſſer de mes guêtres ; car j’ons peine à nous baiſſer. Et toi, mon fils, dis-nous donc, accoute ici. (*Il continue à parler bas avec Margot, Richard & Catau, qui paroiſſent lui répondre, & il ne ſe leve que lorſque le Roi finit ſon à parte.*)

HENRI *à part, tandis qu’il cauſent tous enſemble.*

Quel plaiſir ! je vais donc avoir encore une fois la ſatisfaction d’être traité comme un homme ordinaire… de voir la nature humaine ſans déguiſement ! cela eſt charmant ! Ils ne prennent ſeulement pas garde à moi.

MICHAU *paroissant achever ce qu'il disoit tout bas.*

Mais enfin, Richard, qu'est-ce qui t'a fait revenir sitôt ? Est-ce que t'aurois réüssi ? Aurois-tu parlé au Roi ?

RICHARD.

Non, mon pere, je ne l'ai pas même pu voir, ce qui m'auroit fait grand plaisir, car je ne l'ai pas vu plus que vous tous.. & ce qui m'en a empêché, c'est que... Je vous expliquerai cela en détail quand nous serons en particulier.

MICHAU.

T'as raison, je causerons de tout ça quand je serons seuls... Mais à st'heure-ci, moi, parlons donc de la chasse du Roi, qu'est venue ici de Fontaine-bleau; c'est singulier ça ! & ce Monsienr, qu'est un petit Officier de Sa Majesté, à ce qu'il dit, qui l'a suivi à la chasse, qui s'est égaré, & que je ramassons.

RICHARD.

Cela est très-bien à vous, mon pere, & nous le recevrons de notre mieux.

HENRI.

En vérité, Messieurs, je suis bien sensible à vos bonnes façons pour moi. (*A part.*) Parbleu, ces Paysans-ci sont de bien bonnes gens.

MICHAU.

Allons, Margot ; allons, Catau, faites-nous souper, mes enfans.

MARGOT.

Not' homme, je vous demandons encore eun petit quart-d'heure. (*Elle sort.*)

CATAU.

Mon paire, v'là la nappe qu'étoit déjà mise d'avance ; j'vons chercher encore eun couvert pour Monsieur. (*A Henri, lui faisant la révérence.*) Monsieur a-t-il un couteau sur lui ?

HENRI.

Non, belle Catau, je n'en ai point.

CATAU.

Je vous apporterons donc celui de la cuifine.

SCENE IV.

HENRI , MICHAU , RICHARD.

HENRI.

Vous aviez bien raifon, papa Michau , Mademoifelle Catau eft la beauté même.

MICHAU.

Oh ! fans vanitai, j'nons jamais fait que d'biaux enfans , nous. Mais Cateau, hée ! J'oubliois.

SCENE V.

CATAU , HENRI , MICHAU , RICHARD,

CATAU.

Queuqu'vous fouhaitez , mon paire ?

MICHAU.

Parguienne , fille , c'eft que j'ny penfions pas. Rince eun grand gobelet , & apporte à Monfieu eun coup de cidre ; il le boira bian en attendant le fouper ; il doit être altéré , c'n'eft pas comme nous , lui.

HENRI.

Vous me prévenez, j'allois vous demander un coup à boire.

CATAU *à Henri.*

Vous l'allais avoir dans l'inftant , Monfieu.

HENRI *lui paffant la main fous le menton.*

Et de votre main il fera délicieux.

SCENE VI.
HENRI, MICHAU, RICHARD.

MICHAU à *Henri.*

C'Est qu'on a soif quand on a chassé ; je sçavons ça. (*à Richard.*) Eh bian, mon garçon, dis-nous donc queuqu'tas vu d'biau à Paris.

RICHARD.

Mon pere, quand j'y suis arrivé, quoiqu'il y eût plus d'un mois passé depuis la maladie de notre grand Monarque, tout Paris étoit encore ivre de joie de la convalescence de ce Roi bien aimé.

MICHAU.

Ça été de même par toute la France, mon enfant. Eh ! tian, le Seigneur de not' Village avoit bian raison de dire que c'est lorsqu'un Roi est bian malade, qu'on peut connoître jusqu'à queu point il est aimé de ses Sujets.

HENRI à *part.*

Quelle douce satisfaction !

RICHARD.

Oui, mon pere. Hélas ! j'ai vu à Paris tout le monde heureux, excepté moi.

HENRI *avec une grande vivacité de sentiment.*

Excepté vous, Monsieur Richard ? Eh ! pourquoi cette exception ? Quelle raison, quel chagrin vous avoit donc fait quitter votre Village pour aller à Paris ?

MICHAU.

Oh ! ça, c'est une autre histoire que Richard ne se soucient peut-êt' pas de vous dire, voyais-vous.

HENRI.

En ce cas-là, j'ai tort ; pardonnez mon indiscrétion.

MICHAU.

Oh ! ignia pas grand mal à ça.

SCENE

SCENE VII.

HENRI, MICHAU, RICHARD, CATAU, *apportant du cidre.*

MICHAU.

ALlons, varse à boire à Monſieu, ma Catau ; il t'ſarvira le jour de tes noces. *A Henri.* J'vous ont fait donner du cidre puſtôt que du vin, parce qu'ça rafraîchit mieux. Avalais-moi ça, pere.
Il lui frappe ſur l'épaule.

HENRI.

A votre ſanté, Monſieur Michau ; à la vôtre, Monſieur Richard ; à la vôtre, & pour vous remercier, très-belle & très-obligeante Catau.

MICHAU.

Eh ! morgué, j'oubliois, Richard, avant de ſouper, vien-t'en ranger avec moi queuques ſacs de farine qui ſont dans not' cour. Ne faut point leux laiſſer paſſer là la nuit à l'air... Vous voulais bian le permettre, Monſieu ?... Toi, Catau, reſte avec not'Hôte, pour l'y tenir compagnie.

CATAU, *courant après ſon pere.*

Vous n'aurez donc pas beſoin de moi, mon pere ?

MICHAU, *derriere la couliſſe.*

Non, fille, tien-toi là.

SCENE VIII.

HENRI, CATAU.

HENRI *à part, sur le bord du Théatre.*

EN vérité, la petite Catau est charmante ;... mais charmante... Si elle sçavoit qui je suis... Non, non, rejettons cette idée ; ce seroit violer les droits de l'hospitalité.

CATAU.

Queuqu'vous faites donc là tout debout dans un coin, Monsieu ? que ne vous assisez-vous ? Je vons vous chercher une chaise.

HENRI, *l'arrétant par la main.*

Demeurez, belle Catau ; je ne souffrirai pas que vous preniez cette peine.

CATAU.

Aga, v'là encore une belle peine ! est-ce que vous nous prenez pour vos poupées de filles de Paris ?... Mais lâchez, lâchez-moi donc la main.

HENRI *la lui retenant & la caressant.*

Votre main ? oh ! pour cela non ; elle est trop jolie, je veux la garder.

CATAU, *retirant sa main rudement.*

Oh ! laissez s'il vous plaît. J'naimons pas les complimens, & sur-tout ceux des Messieux, ignia toujours à craindre pour les filles qui les écoutons, je sçavons ça.

HENRI.

Oh ! mon petit cœur, vous n'avez rien à craindre avec moi.

CATAU.

Je ne nous y fions pas, voyais-vous. Vous me regardais, ... vous me regardais avec des yeux... avec des yeux qui me font peur... Oh ! vous m'avez tout l'air d'un bon enjoleux de filles ! voyais encore comme il me regarde.

HENRI, *en riant.*

Eh ! mais, vous, Catau, vous m'avez l'air bien farouche ! Dites-moi donc, l'êtes-vous autant que cela avec tous les Payfans de votre Village ?... Avec une auffi jolie mine, vous devez avoir bien des amoureux ?

CATAU.

Eh! mais, tredame, Monfieu, je n'en manquons pas.

HENRI.

Je le crois bien. Eh ! fans doute, il y en a quelqu'un auquel votre petit cœur donne la préférence ? Je le trouve bien heureux !

CATAU.

Eh bien ! il dit toujours comme ça lui, qu'il n'eft pas affez heureux. Ces hommes ne font jaimais contens.

HENRI.

Cependant, vous l'aimez bien? Avouez-le moi.

CATAU.

Eh! qu'eft-ce qui n'aimeroit pas Lucas ? ftapendant, parce qu'il n'eft pas autremenr riche, mon paire barguaigne toujours à nous marier enfemble.

HENRI.

Oh ! il faut que votre pere vous faffe époufer Lucas; qu'il en finiffe ; je le veux abfolument, je le veux.

CATAU.

Je le veux, je le veux;... comme il dit ça, ce Monfieu ! Je le veux! Et le Roi dit ben nous voulons. Oh ! fçachez qu'on ne fait vouloir à mon paire que ce qu'il veut, lui.

HENRI, *en riant.*

Quand je dis... que je le veux,...: cela fignifie feulement que je le fouhaite. *A part en s'éloignant.* J'ai penfé me trahir ; j'ai fait là le Roi fans m'en appercevoir.

CATAU, *allant à lui*.

Il le souhaite !... il me plante là pour aller se moquer de moi tout là bas.

HENRI, *la caressant.*

Non ma chere fille ; & vous verrez si je me moque. Je compte parler à Monsieur Michau, de façon que vous épouserez votre amoureux... Et j'ose vous prédire qu'auparavant que je sorte d'ici, vous serez heureuse. *La serrant entre ses bras.* Mais bien heureuse.

CATAU, *se défendant de ses caresses.*

Allons, allons, ne me prenez pas comme ça ; aussi ben v'là que j'apperçois mon paire.

SCENE IX.

MICHAU, MARGOT, RICHARD, HENRI, CATAU.

MICHAU.

PArdon, Monsieu, de not' incivilitai, de vous avoir laissé seul avec ste petite fille, qui ne sçait pas encore entretenir les gens ; mais, c'est qu'faut faire ses affaires, *primo*, d'abord.

MARGOT.

Mon mari, tout est prêt pour le souper.

MICHAU.

Eh bien, boutons-nous à table.

CATAU.

Faudroit l'avancer ici, la table, pour qu'on puisse passer derriere. Mon frere, prêtez-moi un peu la main.

Elle va pour prendre la table avec Richard, &
Henri veut lui épargner la peine.

HENRI, *à Catau.*

Laissez-moi faire, ma belle enfant ; vous n'êtes pas assez forte.

CATAU, *le repouſſant.*

Je ne ſons pas aſſez forte ! allons donc, Monſieu ,
je ne ſouffrirons pas qu'cheux nous vous preniez la
peine...

HENRI.

Eh ! non laiſſez-moi faire.

MICHAU.

A nous deux , Richard. *Ils vont prendre la table ,*
& l'apportent ſur le devant du Théatre. Toi , Catau ,
va-t'en avertir ta mere , & ſarvez-nous à ſouper tout
de ſuite.

Catau ſort.

S C E N E   X.

H E N R I , M I C H A U , R I C H A R D.

Pendant que Michau & Richard apportent la table ,
Henri IV va chercher le banc , & range les deux
chaiſes de paille aux deux coins de la table.

MICHAU , *arrachant une chaiſe des mains de Henri.*

OH ! parguenne , Monſieu , permettez - nous
d'faire les honneurs de cheux nous ; Richard & moi ,
j'aurions été chercher le banc , & arrangé fort bien
nos chaiſes , peut-être.

HENRI.

Bon, bon ! ſans façon , Monſieur Michau ; oh !
parbleu , ſans façon.

MICHAU , *arrachant l'autre chaiſe.*

Non , Monſieu ; ça ne ſe paſſera pas comme ça ,
vous dit-on.

SCENE XI.

MARGOT, CATAU, *apportant les plats.* HENRI, MICHAU, RICHARD.

MICHAU.

ALlons, boutons-nous vîte tretous à table. Mettais-vous fur fte chaife-là, Monfieu ; toi, Margot, prend ftaute chaife, & mets-toi ilà.

MARGOT, *à fon mari, avec refpect.*

Eh ! non, pernais-là puftôt ; vous avais d'coutume de vous mettre fur une chaife, mon ami.

HENRI, *offrant fa chaife.*

Mon Dieu, ne vous déplacez pas, Monfieur Michau, reprenez votre chaife ; je ferai ravi d'être fur le banc, moi ; cela m'eft égal, en vérité.

MICHAU, *à Henri.*

Morgué, Monfieu, eft-c' qu'vous vous gauffez de nous, avec vos façons ! Je fçavons vivre. Eft-ce qu'vous nous prenais pour des cochons ? Faut-il pas qu'un étranger il ait le mélieur fiege, donc ?

HENRI.

Allons, allons ; j'obéis, Monfieur.

MICHAU.

Vous faites bian... fied-toi donc, femme, je voulons refter là, entre ma' fille & mon fils *Ils s'affeyent tous.* Oh ! ça, beuvons un coup d'abord, ça ouvre l'appetit.

HENRI.

Vous êtes homme de confeil, & vous infpirez la franche gaieté, Monfieur Michau.... *Refufant de la pinte de Michau, & fe faififfant de celle qui eft devant lui..* Non, fervez Madame Michau ; je vais en verfer, moi, à notre belle enfant, & je m'en fervirai après.

MICHAU.

C'eft bien dit. Tien donc, femme ; tend donc

Richard. *Ils boivent tous à la santé de Henri, comme leur convié.* Monsieur, j'ons l'honneur de boire à vot' santai.

RICHARD, *buvant aussi à la santé de Henri.*
Monsieur, permetez-vous ?...

HENRI.
Bien obligé, Messieurs & Mesdames. *Serrant la main de Catau.* Je vous remercie, charmante Catau.

CATAU, *faisant un petit cri.*
Aie! aie! Monsieur, comme vous me serrez la main! ça m'a fait mal dea.

HENRI.
Pardon, ma belle enfant; je suis bien éloigné d'avoir l'intention de vous faire du mal, au contraire.

MICHAU.
Tenais, Monsieu, je vous sars ste premiere fois-ci; passé ça, sarvons-nous nous-mêmes sans çarimonie; c'est aisé, car nos viandes sont toutes coupées.

HENRI.
Grand merci, Monsieur. *Il sert Catau.* Que j'aie l'honneur de vous servir, ma belle voisine. Je ne sçais si vous avez de l'appetit; mais vous en donneriez.

CATAU.
C'est vot' grace, ben obligée, Monsieu; v's êtes bien poli.

MICHAU, *à Margot.*
Prends donc, femme. Allons, pernais, vous autres; je suis sarvi, moi... (*Ils paroissent manger comme des gens affamés, sur-tout Henri, qui mange avec une grande vivacité, ce qui est marqué par des silences.*) V'là un biau moment de silence. *Silence.* Allons, ça va bian, nous mangeons comme des diables.

CATAU.
C'est qu'il n'est cher que d'appetit.

HENRI, *tout en mangeant avec vîtesse.*
Oh! ma foi, voilà un civet qui en donneroit, quand on n'en auroit pas: il est accommodé admirablement bien.

MARGOT.

Oh ! je l'on accommodé à la grosse morguenne ;
mais c'est qu'Monsieu n'est pas difficile.

RICHARD.

Non, ma mere ; c'est que Monsieur est honnête ;
il veut bien trouver à son goût ce qu'il voit que nous
lui donnons de bon cœur.

HENRI, *en mangeant, & dévorant encore.*

Non, en vérité, sans compliment, ce civet-là est
une bien bonne chose, d'honneur !

MICHAU, *prenant la pinte.*

Eh ! mais, si je beûviémes !

HENRI.

C'est bien dit, car je m'ennoue ; & pis je veux
griser un peu Mademoiselle Catau, pour sçavoir si
elle a la vin tendre.

CATAU, *haussant son gobelet.*

Affais, affais, Monsieu ; comme vous y allais !
Ils boivent & choquent tous.

MARGOT, *à Richard.*

Queuque t'as mon fils, tu ne manges point ?

RICHARD.

J'ai assez mangé, ma mere, & je n'ai rien.

MICHAU, *la bouche pleine.*

Allons, Richard ; pisque tu n'manges pûs, chante
nous eune chanson ; tien, stellà qu'tavois fait pour
Agathe.

RICHARD.

Ah ! mon pere, depuis qu'elle ma trahi...

HENRI, *l'interrompant tout en dévorant.*

Quoi ! votre Maîtresse vous a trahi, Monsieur
Richard ? Eh, contez-moi donc ça.

MICHAU, *toujours mangeant.*

Ne l'y en parlais donc pas, vous le feriais pleurer ; point de queuftion là-dessus ; vous êtes trop
curieux au moins. Allons, chante ça, te dis-je.

MARGOT.

Oui, chante, mon fieu ; ça t'égayera, & nous
itout.

CATAU.

CATAU.

Oh oui, oui ; chantez, chantez, mon frere ; &
pis j'en chanterons eune après.

HENRI *à Catau, avec feu.*

Je ferai ravi de vous entendre, j'en ferai enchanté.

MICHAU.

Allons, chante donc, je l'veux ; ne fais pas le
benais.

RICHARD, *d'un air trifte & contraint.*

C'eft par obéiffance pour vous, mon pere, par
égard pour Monfieur, qui n'a que faire de ma trif-
teffe, que je vais chanter, car je n'en ai nulle envie,
en vérité.

Il chante.

Si le Roi m'avoit donné
Paris fa grand Ville,
Et qu'il me fallût quitter
L'amour de ma Mie,
Je dirois au Roi Henri,
Reprenez votre Paris,
J'aime mieux ma Mie,
O gué,
J'aime mieux ma Mie.

Henri fe détournant & répétant à demi voix, au
Roi Henri, *d'une façon gaie, & d'un air fatisfait.*

HENRI.

La chanfon eft jolie, très-jolie, & Monfieur la
chante à merveille.

MICHAU.

Jell'crois qu'il la chante bian ! Parguenne ! eh !
c'eft ly qui l'a faite. Dame ! Monfieur, il eft fçavant
not'fils !

HENRI.

A vous, aimable Catau ; la vôtre à préfent.

CATAU.

Je ne nous ferons pas preffer ; je n'avons pas une
affez belle voix pour ça.

Elle chante le visage tourné vers Henri IV.

Charmante Gabrielle,
Percé de mille dars,
Quand la gloire m'appelle
Sous les drapeaux de **Mars**,
Cruelle départie !
Malheureux jour !
Que ne suis-je sans vie,
Ou sans amour !

Henri se détourne, & répete avec émotion : Charmante Gabrielle, *pendant que Catau continue à chanter, & sans qu'elle s'interrompe pour cela.*

HENRI.

C'est chanter comme un Ange ! (*Il embrasse Catau.*) Cela méritoit un baiser.

CATAU *honteuse, s'essuyant la joue.*

Pardi, Monsieu, vous-êtes bien libe avec les filles !

MICHAU *à Catau.*

Allons, tu t'es attiré ça par ta gentillesse, faut en
convenir... (*Sérieusement à Henri.*) Mais il ne fau-
roit pas recommencer, au moins, Monsieur, je vous
en prions. Guiable ! il ne faut pas vous en montrer,
à ce qu'il me paroît.

HENRI *gaiement.*

Pardon, papa Michau, Mademoiselle Catau m'a-
voit transporté. Je n'ai, ma foi, pas été le maître
de moi.

MICHAU *se versant à boire.*

Gnia pas grand mal. Eh bian, moi, je vons itout
vous dire eune chanson, & pis vous viandrais me
baiser par après si je l'ons mérité. Attendais que je
retrouvions l'air ... C'est l'air du pas d'Henri Quatre
dans les Tricotets. La, la, la, la, m'y voici, j'y
fuis. (*Il chante.*)

J'aimons les filles,
Et j'aimons le bon vin.

Allons, chorû.

De nos bons drilles
Voilà tout le refrain :

J'aimons les filles,
Et j'aimons le bon vin.

Chorû   *L'on réprend le refrain en chœur.*

Moins de foudrilles
Euffent troublé le fein
De nos familles,
Si l'Ligueux, plus humain,
Eût aimé les filles,
Eût aimé le bon vin.

Chorû.   *Tous chantent les deux derniers vers encore.*

Vive Henri Quatre,
Vive ce Roi vaillant,
Ce diable à quatre
A le triple talent
De boire, de battre,
Et d'être un verd galant.

*Henri doit marquer, pendant que l'on chante ce Com-
plet, une fenfibilité fi grande, qu'elle paroiffe aller
jufqu'aux larmes ; & c'eft dans ce point de vue qu'il
doit jouer le refte de cette Scene, jufqu'au moment où
l'on leve la table, & affecter de pleurer, fi l'Acteur
le peut.*

Ah ! grand chorû pour celui-là.

Tous reprennent en chœur.

Vive Henri Quatre,
Vive ce Roi vaillant.

Mais Parguenne, Monfieu, beuvons à la fantai
de ce bon Roi, & vous l'y dirai, au moins ; mais
dites-ly, vous qu'avez l'honneur de l'approcher dites-
ly, promettais-le moi.

          HENRI, *dans l'attendriffement.*

Je vous le promets, il le fçaura fûrement. (*Ils fe
verfent du vin, & choquent avec le Roi.*)

          MARGOT, *fe levant pour choquer.*

Et que je l'béniffons.

MICHAU, *debout & choquant.*

Et que je l'chérissons.

CATAU, *debout aussi choquant.*

Et que je l'aimons pûs que nous-même.

RICHARD, *debout & s'allongeant pour choquer.*

Et que nous l'adorons.

HENRI, *attendri au point d'être prêt à verser des larmes.*

Je n'y puis.... plus tenir.... je suis prêt.... à verser des larmes de tendresse & de joie.

(*Il se détourne.*)

MICHAU, *à Henri.*

Comme vous vous détournais ! est - c'que vous n'topais pas à tout c'que je disons là de not'Roi, donc ?

HENRI, *d'un ton entrecoupé.*

Si fait, mes amis.... au contraire, votre amour pour votre Roi..... m'attendrit au point que mon cœur ... allons, allons, à la santé de ce bon Prince.

(*Ils recommencent à choquer.*)

MARGOT.

De ce bou Roi.

CATAU.

De ce cher Roi.

MICHAU.

De ce vaillant Roi.

RICHARD.

De ce grand Roi.

MICHAU.

De ses enfans, de ses descendans ... Eh bian ! dites donc itout un mot d'éloge de not' Roi. Est-c'que vous n'oseriais le louer donc vous ? A'vous peur qu'ça ne vous écorche la langue ! M'est avis, morgué, que vous ne l'aimais pas autant que nous. Ne seriais-vous pas de ces anciens Ligueux ? Oh ! vous n'êtes pas un bon Français, morgué !

HENRI, *dans le dernier attendrissement.*

Pardonnez-moi... de tout mon cœur ... à la santé... de ce bon Roi.

MICHAU , *avant d'avaler son vin.*

De ce bon Roi !.... Parguenne l'on a ben de la
paine à vous arracher ça !

MARGOT *après avoir bu.*

Stapendant , ces louanges venons d'elles-mêmes à
la bouche.

CATAU.

Alles ne coûtent rian.

RICHARD.

Elles partent du cœur.

MICHAU.

Tatigué ! ça fait du bian de boire à la santé d'Henri ! Oh ça, je ne maugeons plus, levons-nous de table ;
aussi ben quand on a eune fois bu à la santai du Roi,
on n'oserait plus boire à perfonne.

RICHARD.

Reportons la table , mon pere , afin qu'on puisse
desservir plus commodément.

MICHAU.

T'as raison... (*à Henri qui veut aider à transporter
la table.*) Oh ça, allais-vous faire encore vos çari-
monies ! j'vous le défendons.

HENRI , *aidant toujours à desservir.*

Je vous laisserai faire ; j'aiderai seulement un peu
à la belle Catau.

MICHAU.

Je ne l'voulons pas , vous dis-je... Allons , Margot, Catau, achevais de nous ôter tout ça , & pis
allais mettre des draps blancs au lit de Monsieur.

MARGOT.

Oui mon ami , ça va êt' fait.

CATAU.

Oui, mon paire ; quand j'aurons tout rangé ici ,
j'irons, ma mere & moi , faire le lit de Monsieu.

HENRI , *tenant quelques assiettes.*

Tenez, ma chere Catau, où faut-il porter ce que
je tiens là ?

CATAU.

Eh ! laissez-moi faire. Pardi, mon cher Monsieu,

vous avais toujours les mains fourées par-tout.

MICHAU.

Parguienne, voulais-vous bian leux laiſſer faire leux beſognes elles-mêmes ! Vous êtes bian têtu toujours !

HENRI, *aidant encore à deſſervir.*

Eh non, non, je ne me mêlerai plus de rien, voilà qui eſt fait. (*L'on frappe à la porte de la maiſon.*)

MICHAU.

L'on frappe à not' porte, va voir qui c'eſt, Richard.   (*Margot & Catau ſortent.*)

RICHARD.

J'y cours, mon pere... Juſte Ciel ! c'eſt Agathe !

S C E N E   X I I.

H E N R I ,   M I C H A U ,   R I C H A R D , A G A T H E ,   L U C A S.

LUCAS, *à Agathe vêtue en Payſanne.*

EH bian, Mamſelle, le v'là monſieur Richard ; parlais-ly donc : mais il ne vous croira pas, vantais-vous-en.

AGATHE, *ſe jettant aux pieds de Michau & de Richard ſucceſſivement.*

Ah, Monſieur Michau !... Ah, Richard !... Je viens me jetter à vos pieds, & vous ſupplier de m'entendre...

RICHARD, *la relevant.*

Relevez-vous, Agathe... je ne ſouffrirai pas...

MICHAU, *à Agathe.*

Oh, oh, qui vous amene ici, ma mie ? faut êt' ben impudente pour oſer encore remettre les pieds cheux nous, après ce qu'ous avais fait !

RICHARD.

Eh ! mon pere, épargnez...

AGATHE, *en pleurs.*

J'avoue ; Monfieur, que l'excès de ma hardieffe mériteroit ce nom, fi j'étois coupable ; mais c'eft le Marquis de Conchiny qui m'a enlevée malgré moi... Mes pleurs m'empêchent ..

HENRI.

(*à part.*) Conchiny ! Conchiny ! (*haut à Michau.*) Qui eft cette fille - là ? elle m'intéreffe infiniment , elle eft jolie.

MICHAU.

Ah , ouiche ! c'eft eune jolie fille qui s'eft vendue à ce vilain Marquis de Conchiny , pus-tôt que d'apou- fer honnêtement mon fils ! ça fait eune jolie fille , ça.

(*L'on frappe à la porte* ; *Margot & Catau arrivent & ouvrent.*

SCENE XIII.

HENRI, MICHAU, AGATHE, RICHARD, LUCAS, MARGOT, CATAU, LE GARDE-CHASSE.

MARGOT & CATAU *enfemble.*

M On mari , Mon pere , c'eft Monfieur le Garde - Chaffe.

MICHAU.

Ah ! ah ! c'eft bien tard que...

LE GARDE-CHASSE.

C'eft , Monfieur Michau , qu'il y a trois Seigneurs qui ont chaffé aujourd'hui avec le Roi, qui ont foupé chez moi , & à qui ma femme vient de dire que vous aviez chez vous un Seigneur de leurs amis, avec le- quel elle vous a vu rentrer dans la forêt. Mais, les voici... Bon foir, Monfieur Michau.

MICHAU

Bon foir , Monfieur le Garde-Chaffe.

(*Le Garde-Chaffe fe retire.*)

SCENE DERNIERE.

HENRI, MICHAU, AGATHE, RICHARD, LUCAS, MARGOT, CATAU, Le Duc de SULLY, Le Duc de BELLEGARDE, Le Marquis de CONCHINY.

MICHAU.

Voyais, mes biaux Seigneurs, si ce Monfieur-là eft un Seigneur itout ; je ne le crois pas ; il s'eft dit Officier du Roi. (*tirant par le bras le Roi, qui a le vifage tourné d'un autre côté.*) Voyais, reconnoiffez-vous ft'honnête homme-là ?

Le Duc de SULLY, Le Duc de BELLEGARDE, & le ⋅ ⋅is de CONCHINY, *enfemble.*

Quoi ! c'eft vous Sire !... Sire, c'eft vous-même !

MICHAU, MARGOT, LUCAS, CATAU, RICHARD & AGATHE, *tombant tous à genoux aux pieds du Roi.*

Quoi ! c'eft là le Roi ! c'eft là notre bon Roi ! notre grand Roi !

HENRI, *avec attendriffement.*

Relevez-vous, mes bonnes gens ; relevez-vous, mes amis ; je le veux, mes enfans ; relevez-vous, je vous l'ordonne.

AGATHE, *reftant feule aux genoux du Roi.*

Non, Sire ; puifque c'eft vous, je refterai à vos pieds, pour vous demander juftice d'un cruel raviffeur, du Marquis de Conchiny, qui m'a arrachée à tout ce que j'aime, au moment que j'étois prête à époufer Richard... Les larmes étouffent ma voix au point...

Le Marquis de CONCHINY, *à part.*

Ciel ! c'eft Agathe !

HENRI, *relevant Agathe, & d'un ton févere.*

Conchiny... qu'avez-vous à répondre ?... Eh bien, eh bien ? répondez donc ; vous paroiffez interdit ?

Le

Le Marquis de CONCHINY *se rassurant un peu.*

C'est qu'un rien m'embarrasse, Sire... car dans le fond, pourquoi serois-je interdit ?... & ... n'avoue-rois-je pas à Votre Majesté une affaire de pure ga-lanterie ?

Le Duc de SULLY, *vivement.*

J'adore Dieu ! quelle galanterie !...

Le Duc de BELLEGARDE, *légérement au Duc de Sully.*

Eh ! mais, il ne faut pas prendre cela au grave.

HENRI.

Laissez-le donc achever. Eh bien ?

Le Marquis de CONCHINY.

Eh bien, Sire, le fait est, que j'ai eu envie, (*avec un rire forcé.*) mais bien envie, de cette jeune Paysanne ;... qu'à la vérité, j'ai aidé un peu à la let-tre pour lui faire voir Paris malgré elle.

HENRI *l'interrompant.*

Malgré elle !... vous y avez donc employé la vio-lence ?

Le Marquis de CONCHINY.

Eh mais, Sire, si vous voulez... c'est mon Valet-de-Chambre qui me l'a amenée, avec bien de la peine, & je vais...

HENRI, *d'un air févere.*

Eh ! c'est cette violence que je punirai.

Le Marquis de CONCHINY, *avec feu.*

Ah ! Sire, ne m'accablez point de votre colere ! J'avoue mon crime ; mais mon crime m'a été inutile, & n'a fait que tourner à ma honte. Agathe est ver-tueuse ; Agathe ne m'a point cédé la victoire ; & pour la remporter, elle a été jusqu'à vouloir attenter elle-même à sa vie. J'atteste le Ciel de la vérité de ce que je dis ; & qu'il me punisse sur le champ, si je vous en impose... Eh ! dans l'instant, c'est moins, je le jure à votre Majesté, la crainte de ma disgrace, que les remords cruels & le repentir, qui...

HENRI, *l'interrompant d'un air noble & févere.*

Mais, il ne me suffit point, à moi, que par cet

aveu, par vos remords, par votre repentir, Agathe soit justifiée vis-à-vis de ces gens-ci ; le crime de votre part n'en est pas moins commis ; je leur en dois la réparation. Ainsi donc je veux que vous fassiez une rente de deux cens écus d'or à cette fille, & que...

AGATHE *l'interrompant.*

Non, Sire, je me croirois déshonorée si j'acceptois de cet homme des bienfaits honteux, qui pourroient laisser des soupçons...

RICHARD *l'interrompant.*

Ah ! divine Agathe ! cet aveu du Marquis de Conchiny,... & plus encore le refus que vous venez de faire des biens ignominieux que l'on vouloit le forcer de vous donner, est pour moi une pleine & entiere conviction de votre innocence... Non, vous ne fûtes jamais coupable ; c'est moi qui le suis, d'avoir pu vous croire un seul instant criminelle, &...

MICHAU.

T'as raison, mon fils ; & tu peux, à présent, épouser ste digne enfant-là.

HENRI.

En ce cas-là, je me charge donc de la dette de Conchiny. (*Au Marquis.*) Retirez-vous, & ne paroissez pas devant moi, que je ne vous le fasse dire. (*Conchiny se retire. A part, au Duc de Sully.*) Aussi-bien, mon ami Rosni, je soupçonne violemment ce malheureux Italien-là d'être l'auteur de toutes les noirceurs qu'on vous a faites. Nous en parlerons dans un autre temps... (*haut.*) Oh ça, mes enfans, j'ai bien des engagemens à remplir ici : pour m'acquitter du premier, je donne dix mille francs à Agathe & à votre fils, Monsieur Michau ; mais vous ne sçavez pas que j'ai promis à la belle Catau de lui faire épouser un certain Lucas, son amoureux, qui n'est pas bien riche ; & pour réparer cela, je leur donne aussi dix mille francs pour les unir.

LUCAS *sautant de joie.*

Dix mille francs, & Catau.

MICHAU.

Tous enfemble. { Quel bon Roi !

RICHARD.

Ah ! Sire.

CATAU & AGATHE.

Quel bon Prince !

HENRI.

Duc de Sully, que cette fomme de vingt mille francs leur foit comptée ici, demain dans la journée ; je vous en donne l'ordre.

Le Duc de SULLY *s'inclinant.*

Vous ferez obéi Sire, (*Se relevant, & d'un air attendri.*) Ah ! mon cher Maître ! par ces traits de juftice & de générofité, vous me raviffez ; vous venez d'en agir en Roi & en pere avec ces bons Payfans, qui font vos Sujets & vos enfans, tout auffi-bien que votre Nobleffe. Mais, Sire, vous nous devez aux uns & aux autres de ne point expofer votre vie à la chaffe comme vous le faites tous les jours. (*Avec colere.*) Permettez-moi de le dire à Votre Majefté ; cela me met, moi, dans une véritable colere. Vive Dieu, Sire, votre vie n'eft point à vous, vous en êtes comptable (*montrant le Duc de Bellegarde.*) à des Serviteurs comme nous, qui vous adorent ; (*montrant les Payfans.*) & au Peuple Français, dont vous voyez que vous êtes l'idole.

HENRI, *de l'air de la plus grande bonté.*

Oui, oui ; tû as raifon, mon ami ; tu m'attendris : ne me gronde plus, mon cher Rofni ; à l'avenir je ferai plus fage.

MICHAU, *très-vivement.*

Morgué ! Sire, c'eft que ce Gentilhomme-là n'a pas tort : au nom de Dieu, confarvais-nous vos jours ; ils nous font fi chers !

TOUS LES PAYSANS *enfemble, s'inclinant.*

Ah ! notre Roi, ah ! notre pere, confervais-vous, confervais-vous.

HENRI *regardaut tous ces Payfnns.*

Quel fpectacle divin !

MICHAU *encore plus vivement.*

Eh ! oui, ventregué, confarvais-vous ! Vous venais de marier nos jeunes gens, faut, Sire, que vous viviais plus qu'eux... Mais queul excellent homme ! Pardon, Votre Majesté, si je vous ont si mal reçu ; je n'connoissions pas tout not' bonheur, & si j'avons manqué au respect... de la considération...

HENRI *l'interrompant.*

Vous m'avez très-bien reçu, & je veux demeurer votre ami, au moins, Monsieur Michau... Mais, brisons-là ; j'ai besoin de repos, &...

MICHAU *l'interrompant.*

Venais, Sire, venais coucher dans mon propre lit. Ces Seigneurs prendront ceux de mon fils & de Catau, & nous j'irons tretous passer la nuit au moulin. Eune nuit est bientôt passée, quand on la passe pour Votre Majesté.

(*Michau conduit le Roi & les deux Seigneurs.*)

LUCAS *prenant Agathe sous le bras.*)

Et nous, je vons remener Agathe cheux elle ; & à demain aux noces, mes enfans.

Fin du troisieme & dernier Acte.